医学博士が編み出した

勝率90%の株式投資の作法

工藤靖夫
（くどうやすお）
札幌南一条病院
名誉院長

明日香出版社

本書は、著者の売買体験に基づいた株式投資テクニックを解説したものです。個人の投資結果を保証するものではありません。

目次

part 2

part 3

part 4

プロローグ

工藤式デイトレードの基本

▼1年間で資金を倍増させるデイトレードテクニック

100万円の資金を元手に、デイトレード（株の運用を1日で行うこと）で、4000円の利益が出たとします（0・4％の利益になります）。1ヶ月に、20回のデイトレードを行うとすれば、「4000円×20回＝8万円」の利益になります（月の利益は8％です）。1年間では、「8万円×12ヶ月＝96万円」の利益になります。つまり、100万円の元金が、1年間で、196万円となり、約2倍に増えることになります。

ある企業の株価が1000円だとして、1000株買います。購入額は100万円です。購入した企業の株価が、1日のうちで、1004円になったときに、売ります。100万4000円で売れたことになります。つまり、1日で4000円の利益が出たことになります（手数料を除く）。

取引は1日に1回とは限りません。1日に数回のデイトレードを行えば、その分、損益も倍になります。つまり、0・2％の利益でも、1日に2回の売買取引をすれば、0・4％になります。

私は、流動性を確保するために、預けた保証金の倍額を証券会社から借りられる**信用取引**を利用して、その半分でデイトレードを行います。半分の余裕があるということは、**追証**（保証金の追加を求められる）などを気にせずに、投資ができるので、精神的にゆとりが出ます。

レバレッジ（テコ）は、投資額が大きくなるほど、効果的になります。2倍のレバレッジとすれば、100万円なら200万円、200万円なら400万円、400万円なら800万円、1千万円なら2千万円、1億円なら2億円と、投資可能額はテコの原理で跳ね上がります。

勝率は約90％、年利回りは40％——。私の投資方法の詳細については本文の各パートを見ていただくことにして、ここでは基本をお示しします。

10ページの図のように、寄り付きの株価（**始値**。最終株価は**終値**）が、1万円だとします。その後、**ゴールデンタイム**（寄り付きからのおよそ10分間）で9900円ま

筆者のデイトレードの基本スタンス

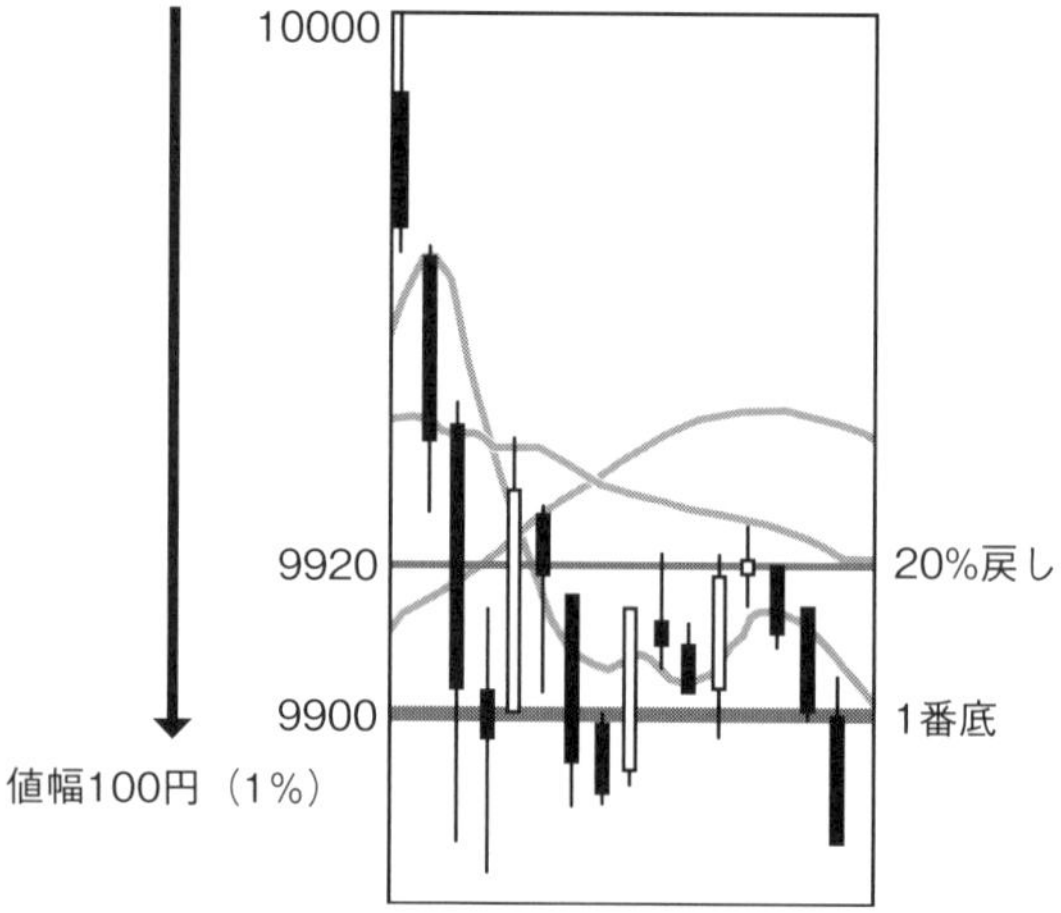

で下降したとします。1%の低下ですが、この程度の低下はよくある例です。

1番底を打ったと考えられるラインで、買い注文します。

その後、いつ反対売買を行うかといえば、値下がり幅100円に対しての20%戻し（20円）、つまり、9920円で売ります。過去の統計からいうと、20%まで戻す確率は90%ですので、90%の確率で約定されます。

「9920−9900＝20円（0・2%）」の利益が、勝率90%の割合でもたらされるわけです。

1日0・2%の利益は、1ヶ月では、

「0・2％×20回（月当りの投資回数）＝4％」の利益となります。1年では、「4％×12ヶ月＝48％」となります。結果として、90％の勝率で、年利回り48％となるわけです。私の基本の投資方法です。

本書では10％の可能性がある**底値割れ**（一段の値下がり）に対する対処方法や、上級編としてのテクニックについても詳しく示しますが、基本的なスタンスは不確実な株の動きには、数学的アプローチ（統計と確率）で、対抗するのです。

▼株価下降時も上昇時も「信用取引」で利益を実現

私の場合は、デイトレード、信用取引をベースに、1銘柄に投資するのが基本です。信用取引は、保証金を預託した証券会社から株式や資金を借りて、売り買いの取引をすることです。

株価下降と読んだら、株式を借りて売る取引（売り建て）をします。株価上昇が見込めるときは、資金を借りて買う取引（買い建て）をします。実際には、「反対売買付き注文」や「逆指し値注文」など、株価の上下にあわせて、「購入→売却」「売却→購入」を繰り返します。基本的にはデイトレードであり、1日で全株式を清算します。

指し値とは、購入・売却価格を指定することです。価格を指定しないのは**成り行き**注文です。

信用取引の基本を図にしてみました。

一つの銘柄を中心に投資運用をしているのは、投資対象が1銘柄だと、集中して分析できるからです。過去数年分のデータを、多方面から深掘りすることを繰り返すことで、目の前の株価の動きを、かなりの精度で、予測解析できます。

株取引といえば、「株価下落＝損失」というイメージが、世の中的にはまだまだ強いようです。しかし、デイトレードであれば、やり方一つで、株価の上昇・下落を問わず、利益の獲得は可能です。大幅下落局面など、チャンス到来ともいえるでしょう。

デイトレードは、基本的には、その日に手仕舞い（清算）します。したがって、リーマンショック時のようなメガトン級の大パニック・株価暴落があったとしても、

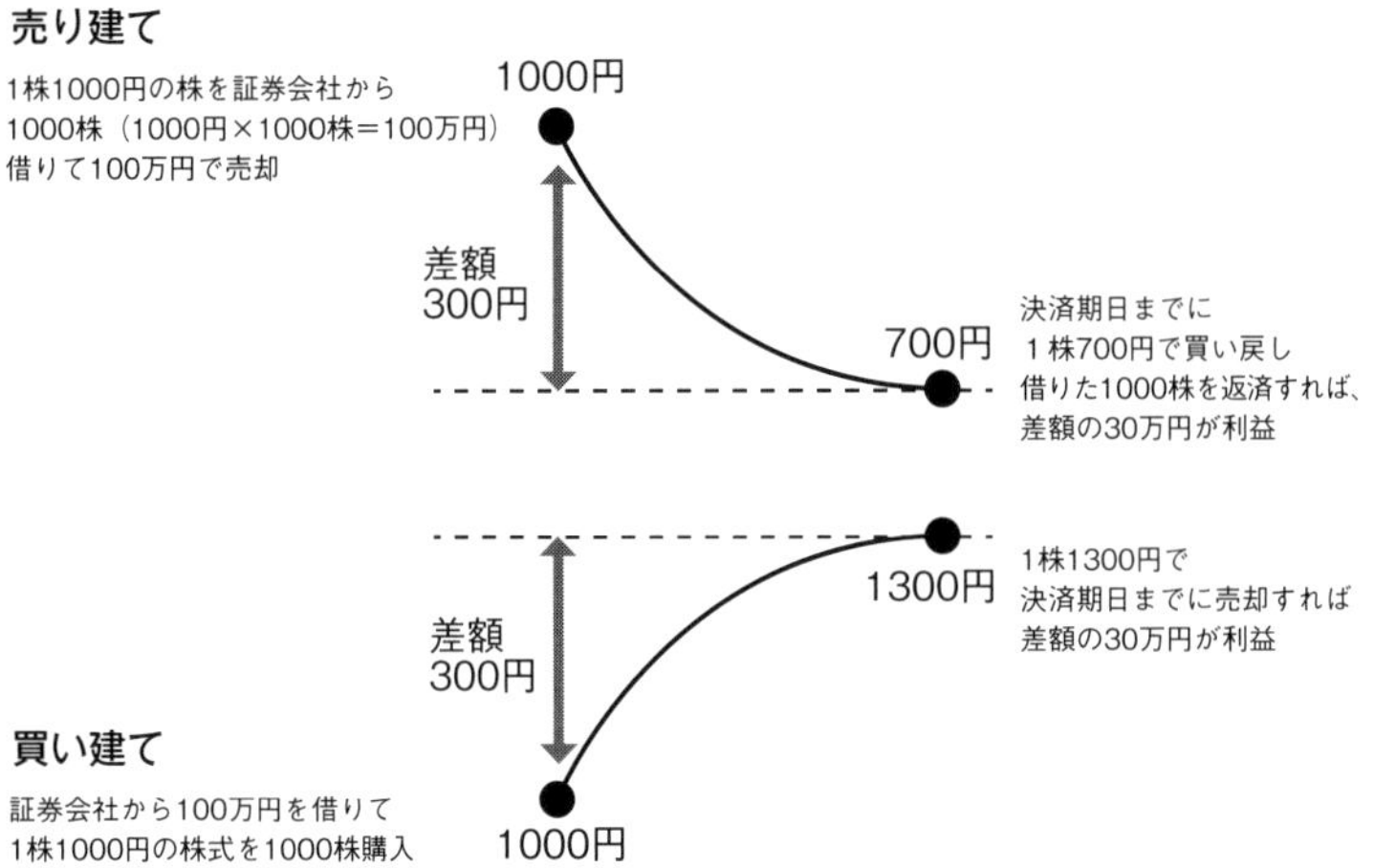
売り建て
1株1000円の株を証券会社から
1000株（1000円×1000株＝100万円）
借りて100万円で売却
1000円
差額
300円
700円
決済期日までに
１株700円で買い戻し
借りた1000株を返済すれば、
差額の30万円が利益
1株1300円で
決済期日までに売却すれば
差額の30万円が利益
1300円
差額
300円
買い建て
証券会社から100万円を借りて
1株1000円の株式を1000株購入
1000円

清算している限り、打撃を受けるわけではありません。翌日はゼロからスタートすればいいだけです。

株価の上昇局面にも、下降局面にも、対応できるので、利益が最大化されます。

私の最大のリスク管理は、デイトレードです。時間による不確定因子（リスク）を避けることができます。これにより、1銘柄投資でも、十分なリスクヘッジとなります。

私の過去成績を、一定期間を区切って調べたところ、デイトレードの勝率は、90%と高いものでした。一方、長期のテクニカル分析の当たる確率は良くて70%でした。長期の天気予報の当たる確率が減るのと同じですね。株は長く持ち続けるほど、予測が難しくなります。

私の場合は、ほとんどが寄り付きからの30分で、取引の90％が終了します。パソコンの前に一日中張り付く必要はありません。

▼工藤流「勝利」のテクニカル分析――ボリンジャーバンドの活用法

過去の推移をグラフ化したチャートなどを使って今後の株価の予想をすることを**テクニカル分析**といいます。そのテクニカル分析の中で、私が最も信頼度が高いと考えているのは、**ボリンジャーバンド**です。ボリンジャーバンドは、証券会社やヤフーファイナンスの株価チャートで、簡単に見ることができます。

15ページの図にある「20日移動平均線」は、20日間の終値の平均値を線で結んだものです。市場の休みを無視すれば、12月21日の値は12月1日〜20日の平均、12月22日の値は12月2日〜21日の平均、12月23日の値は12月3日〜22日の平均といったように、平均をとる期間を移動させて求めます。

20日移動平均線とボリンジャーバンド

ボリンジャーバンドの期間設定に決まりはありません。
5日、25日、100日、1年など短期、長期を使用する場合もあります。

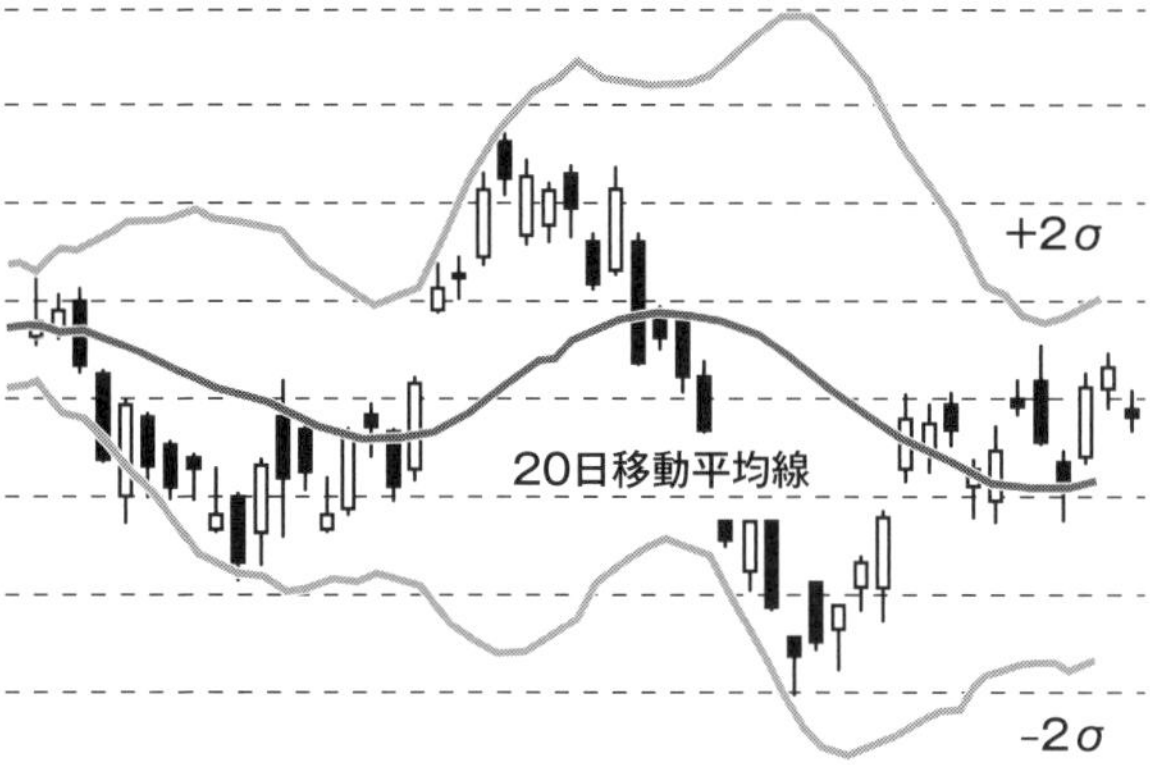

ボリンジャーバンドの活用法

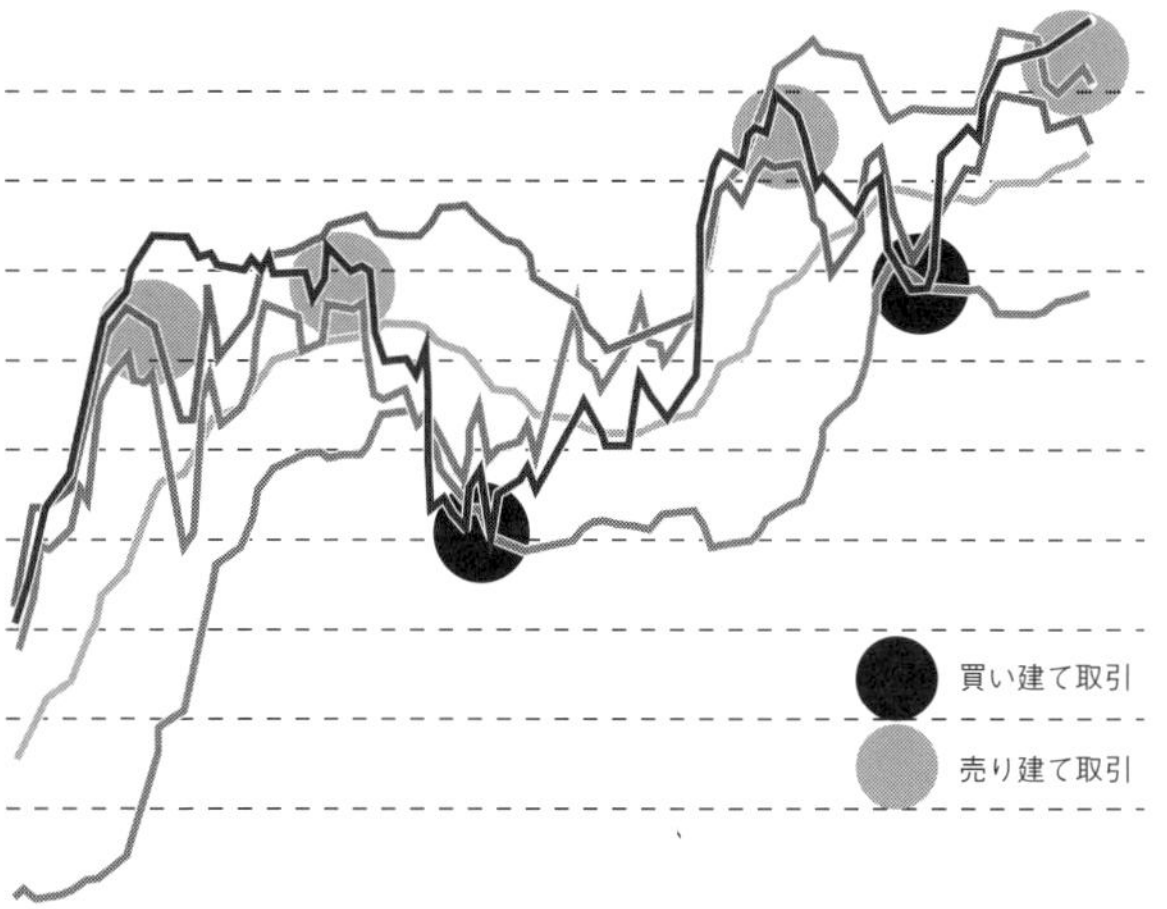

ボリンジャーバンドは、過去の移動平均線と標準偏差からなっています。平均と標準偏差というのは、数学の基本です。標準偏差とは、簡単にいえば、平均値からのズレのことです。学校でよく用いられる偏差値というのも、この標準偏差を用いて計算しています。

ボリンジャーバンドは、±2標準偏差（σ／シグマ）の曲線です。よく確認すれば、ボリンジャーバンドの中に、ほとんどの株価変動は含まれることがわかります（15ページ図）。

ボリンジャーバンドを使用したトレードの基本は、±2σを超えたら逆張りする方法です。⊕2σなら売り、⊖2σなら買い、というわけです。そしてこれはトレンドが横ばい、つまり**ボックス相場**（一定の範囲内で株価が上下すること。**レンジ相場**ともいう。対して、上昇ないし下降の方向性が出ている場合は**トレンド相場**という）のときには、より勝利の確率が高いことがわかっています。

しかし、実際に、任天堂の過去3年間（2018年5月1日〜2021年4月30

日）のデータを解析してみたところ、㊉2σで株価が2日以内に反転したのは約60％強であり、残りの1／3は、そのまま7～10日くらいは、上昇あるいは下降を続けていました（この現象を**バンドウォーキング**といいます）。

つまり、ボリンジャーバンドを利用した単純なトレード方法では、勝率は2／3であり、1／3の確率で大きな損失を出し、塩漬けになる可能性があることがわかりました。中長期の投資戦略において、ボリンジャーバンドは、最も信頼できる指標であり、私自身も最重視していますが、単純な逆張り戦略は、危険であるということです。テクニカル分析では、ある程度の株価予測はできますが、トレード中の不確定要素には対応できず、勝率は最大でも60～70％が限界と思われます。そして損失の可能性が、30～40％もあるのでは、絶対的な信頼を置くことはできません。

私の場合、テクニカル分析による**スイングトレード**（短期間で取引を完了させる）は、自信のあるときのみ、投資資金の20％以内で行うようにしています。

▼ローソク足分析の生かし方

ローソク足

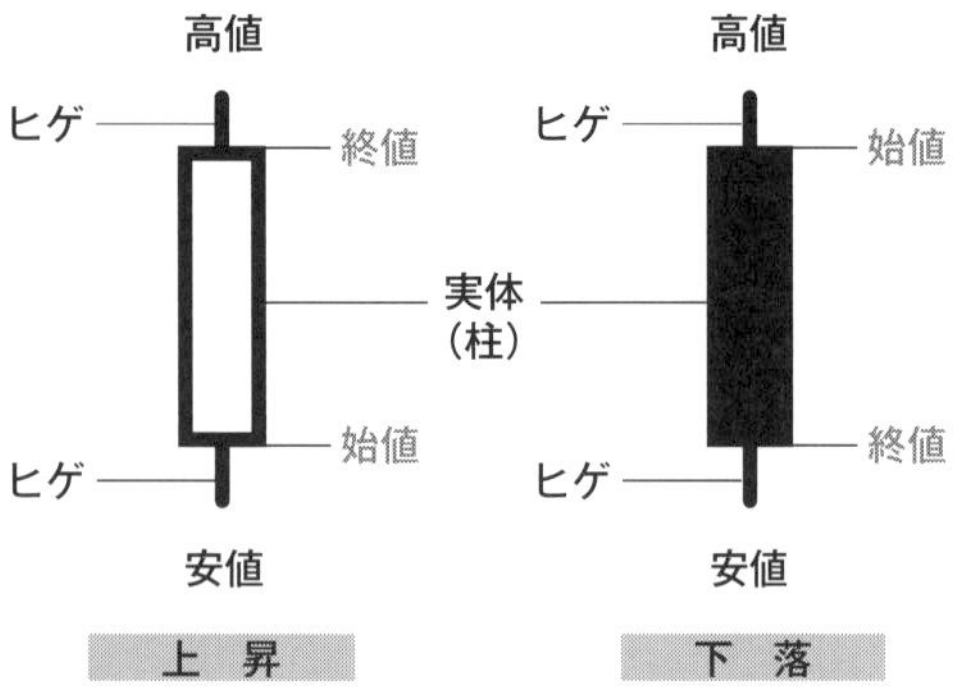

テクニカル分析の一つであるローソク足分析は、株取引に欠かせないものです。ローソク足分析の基本を確認しておきましょう。

ローソク足は1日の株価の動き（始値、終値、高値、安値）を、一本のローソクのような形で表したものです。これを1週間、1ヶ月、半年、1年……と並べることで、相場の短・中長期の流れを読みます。

本書では終値が始値より高い場合は白抜き長方形で示しています。一般的には、**実体（柱）**と呼びます。

白抜き長方形の場合、一番上が終値、一番下が始値です。終値が始値より低い場合は黒塗りの長方形にしています。一番下が終値です。それぞれ、長方形の長さが違いますが、株価の変動幅が大きければ長い長方形になり、変動幅が小さければ短い長方形になります。長方形には細い線がついていますが、その日における高値と安値を示すもので「ヒゲ」と呼ばれています。

ローソク足の形が、任天堂の株価変動に、どの程度、当てはまるのかを検証します。

1．大陽線（だいようせん）

３年間で、陽線（終値が始値を上回る）で引けたのは、３７６回／７４４回（50・5％）でした。その陽線の中でも、終値が始値に比べて高値を維持し、実体（柱）と呼ばれる長方形の部分が、他に比べて長くて目立つ場合を大陽線といいます。株価の先高が見込まれるサインとされます。

上昇したときの、上昇率の**ヒストグラム**（統計グラフの一種）は20ページの図の通りです。縦軸が度数、横軸が階級です。私自身は、大陽線の定義は終値が、始値１・

上昇率のヒストグラム

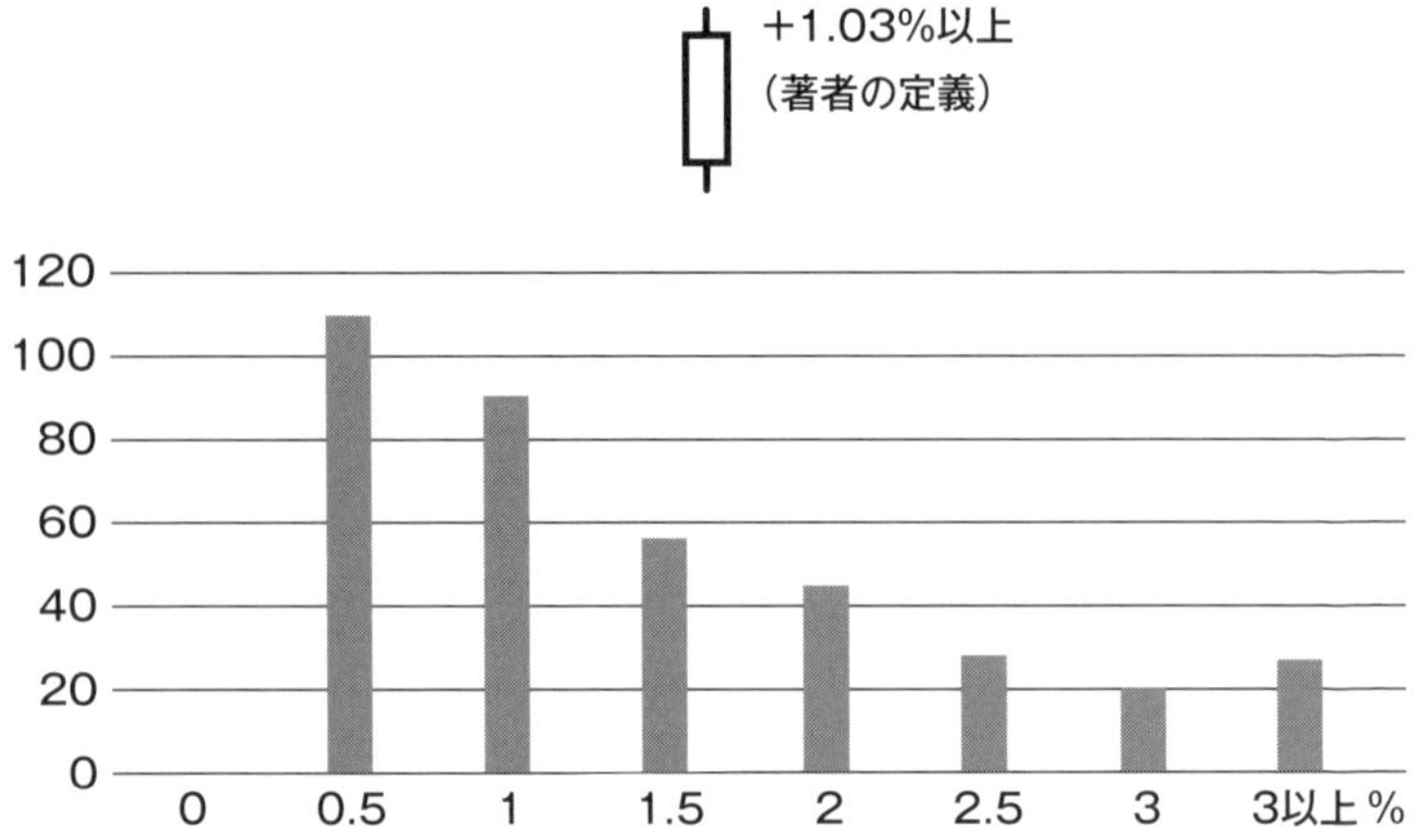

翌日	始値	高値	終値
上昇率の平均	0.48	1.76	0.22
上昇率の標準偏差	1.01	1.64	2.15
上昇	16	24	17
下降	11	3	10
上昇する確率%	57.1	85.7	60.7

03％以上のときとしました。

この大陽線の翌日は、どうなっていたかを検証します。

3年間で大陽線は27回認められました。2ヶ月に1、2度は認められる可能性があります。

翌日は、続伸する確率は高く、高値で前日の終値を超える確率は86％です。

実際の株価の上昇率は、平均で、前日の終値の⊕1・76％でした。

やはり、大陽線の次の日は、前日終値を1％以上、上昇する確率が高いと思われます。

2. 大陰線（だいいんせん）

過去3年間で、陰線（終値が始値を下回る）で引けたのは、366回／744回（49・2％）です。

大陰線も長方形部分の長さが目立ちますが、大陽線と対照的に先安を示すサインと受け止められています。ヒストグラムから、大陰線の定義としては、終値が、始値の

下降率のヒストグラム

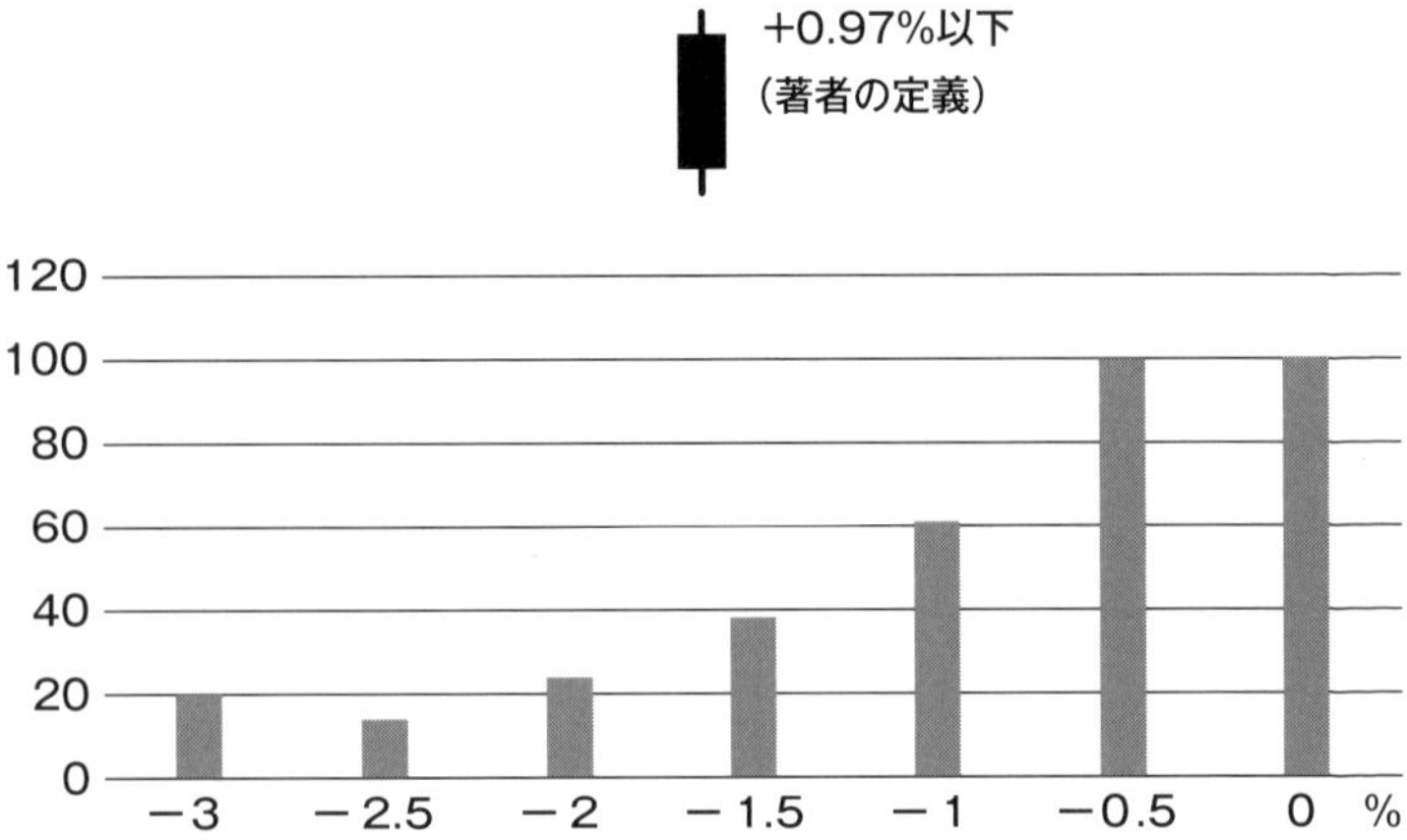

翌日	始値	高値	終値
下降率の平均	0.54	2.03	0.24
下降率の標準偏差	1.85	2.36	2.74
下降	12	18	11
上昇	10	4	11
下降する確率%	54.5	81.8	50

0・97％以下のときとしました。

それでは、この大陰線の翌日は、どうなっていたかを検証します。3年間で、大陰線は22回認められました。

翌日は、続落する確率は高く、安値で前日の終値を切る確率は82％です。下降率は平均で、前日の終値の㊀2・03％でした。

やはり、大陰線の次の日は、前日終値の1％以上は、安値で、下降すると考えて良いと思われます。ただし、翌日の始値と終値は、前日終値から下降する確率は、50％程度になっていることに注意して、翌日安値での**押し目買い**（一時的に下がったときを見計らって買い付けること）も、考えられるかもしれません。

3. 上ヒゲ

定義として、始値も終値も、値幅（長方形）の2／3以上である状態としました。

このような条件に合致したのは、3年間で32回でした。

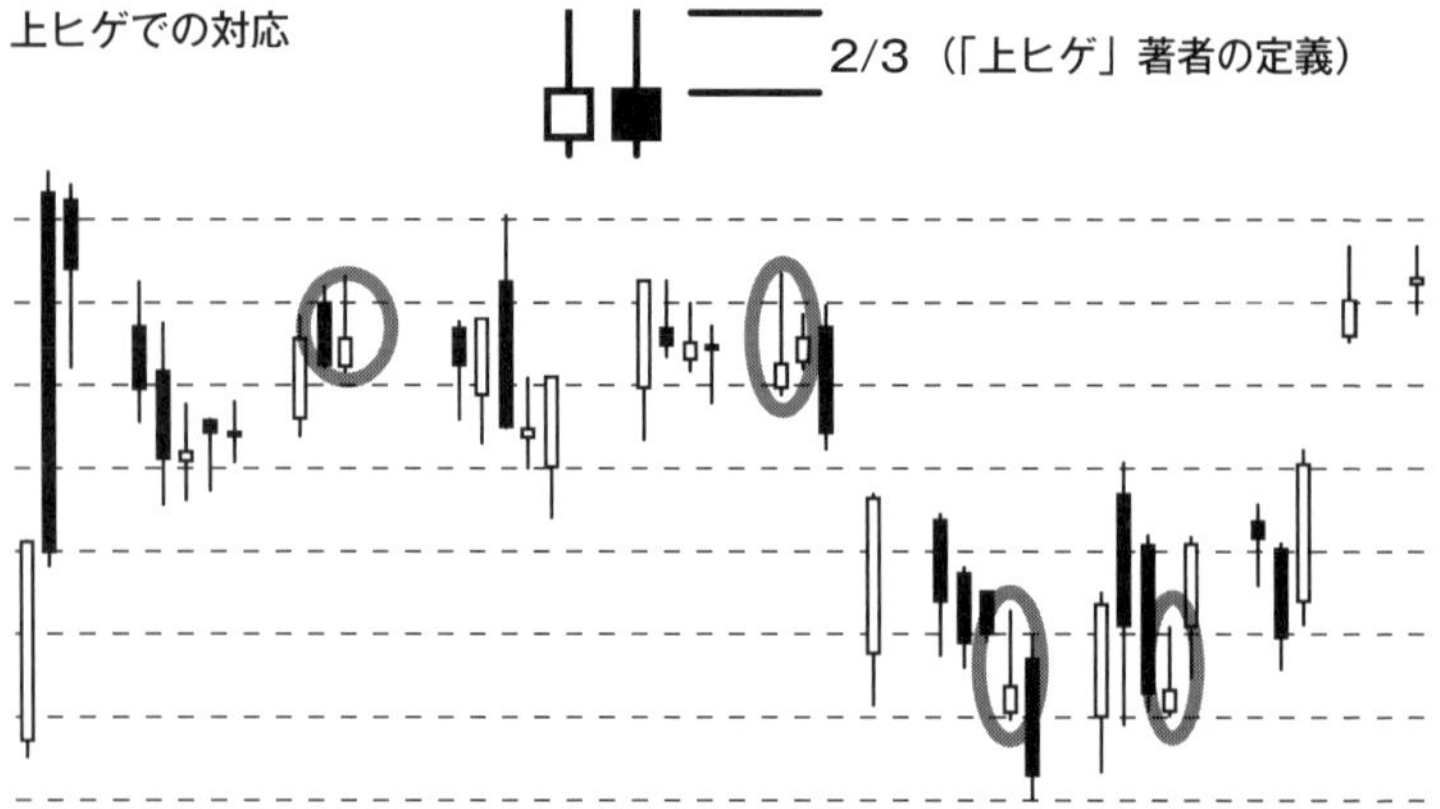

その意味合いとしては、高値圏では、下落への転換の示唆になり、一方、安値圏では、上昇への転換の示唆になるとされています。32回のうち、相場の転換に関係していたのは、30回（94％）で、上昇が18回、下降が12回でした。

上ヒゲに関しては、かなりの確率で、相場が転換する可能性があると見ていいようです。

4．下ヒゲ

定義として、始値も終値も、値幅の2／3以上である状態としました。下ヒゲに関しても、その意味合いとしては、高値圏では、下落への転換の示唆になり、一方、安値圏では、上昇への転換の示唆になるとされています。

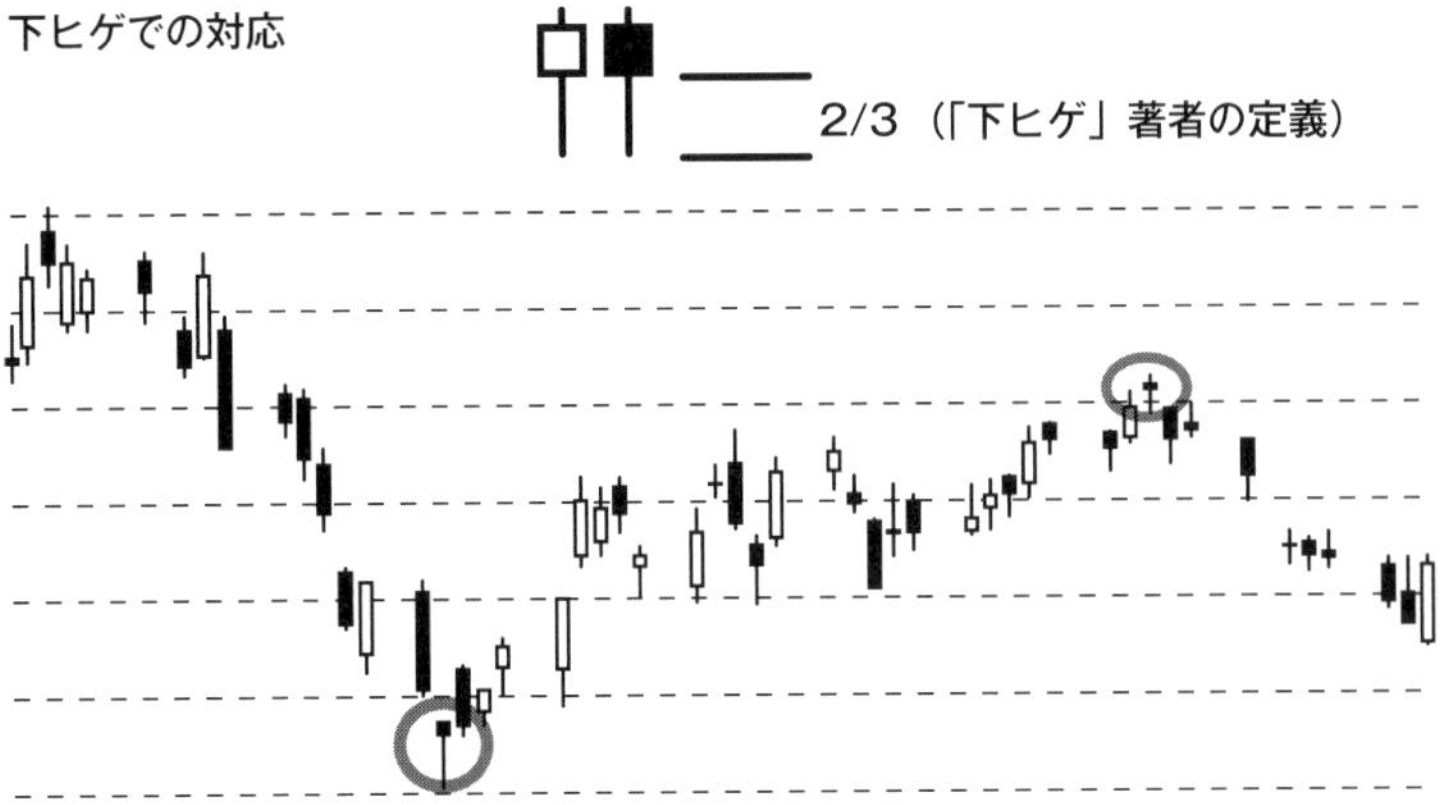

このような条件に合致したのは、3年間で41回でした。このうち、相場の転換に関連していたものは、35回（85・4％）で、翌日の終値が、前日より上昇したのは、そのうちの23回で、56％でした。

下ヒゲに関しても、相場転換の有力な指標で、特に、下降局面で反転する可能性の指標になりそうです。

5．十字線

定義として、始値と終値の幅が、始値の㊉0・1％以内の場合としました。

十字線は、買い方と売り方の勢力が拮抗しており、高値圏では、これまでの買い方の勢いを

十字線の見方

±0.1%以内（「十字線」著者の定義）

売り方が止めたことになり、下落への転換を示唆します。安値圏では、これまでの売り方の勢いを買い方が止めたことになり、上昇への転換の示唆になるとされています。

そのようなことが、どのくらいの確率で、生じるかを検証しました。

例として、２０１９年5月～6月にかけての動きを図に示しました（26ページ）。一十字線は5回認められましたが、そのうちの4回で、相場は反転していました。一方、1回は相場の転換と無関係でした。このような十字線は、過去3年間（18年5月～21年4月）で42回認められ、相場が反転したのは28回で、相場の転換に関係ない場合が14回でした。つまり、十字線が出た場合は、２／３の確率で、相場は反転すると考えても良いと思われます。

6. 窓開け上昇

株価に影響するニュースなどが飛び込み、買い注文や売り注文が殺到して、ローソク足チャートに隙間が生じることがあります。その状態を「窓開け」とか単なる「窓」といったりします。

窓開け上昇の見方

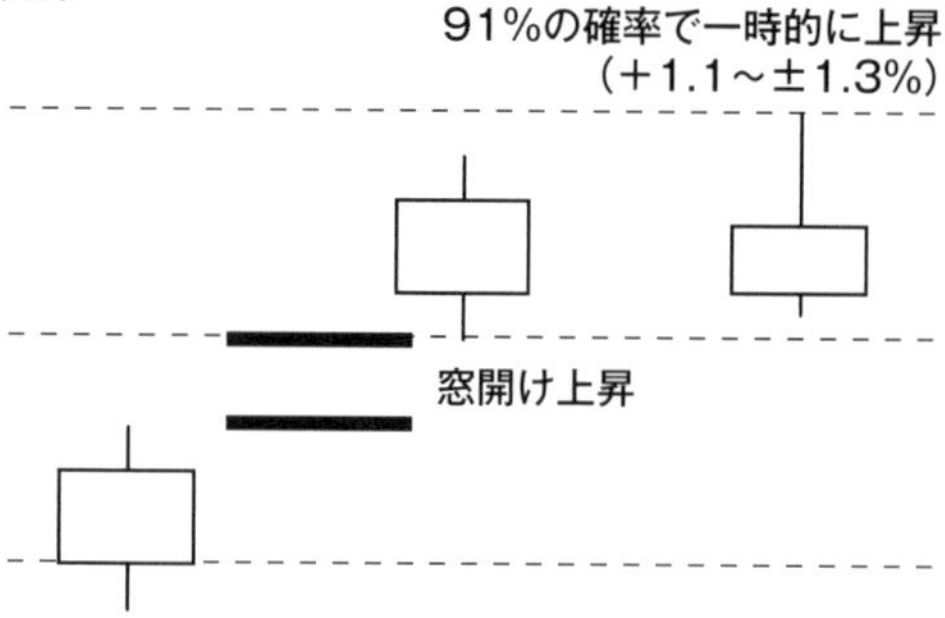
91%の確率で一時的に上昇
（＋1.1～±1.3%）
窓開け上昇

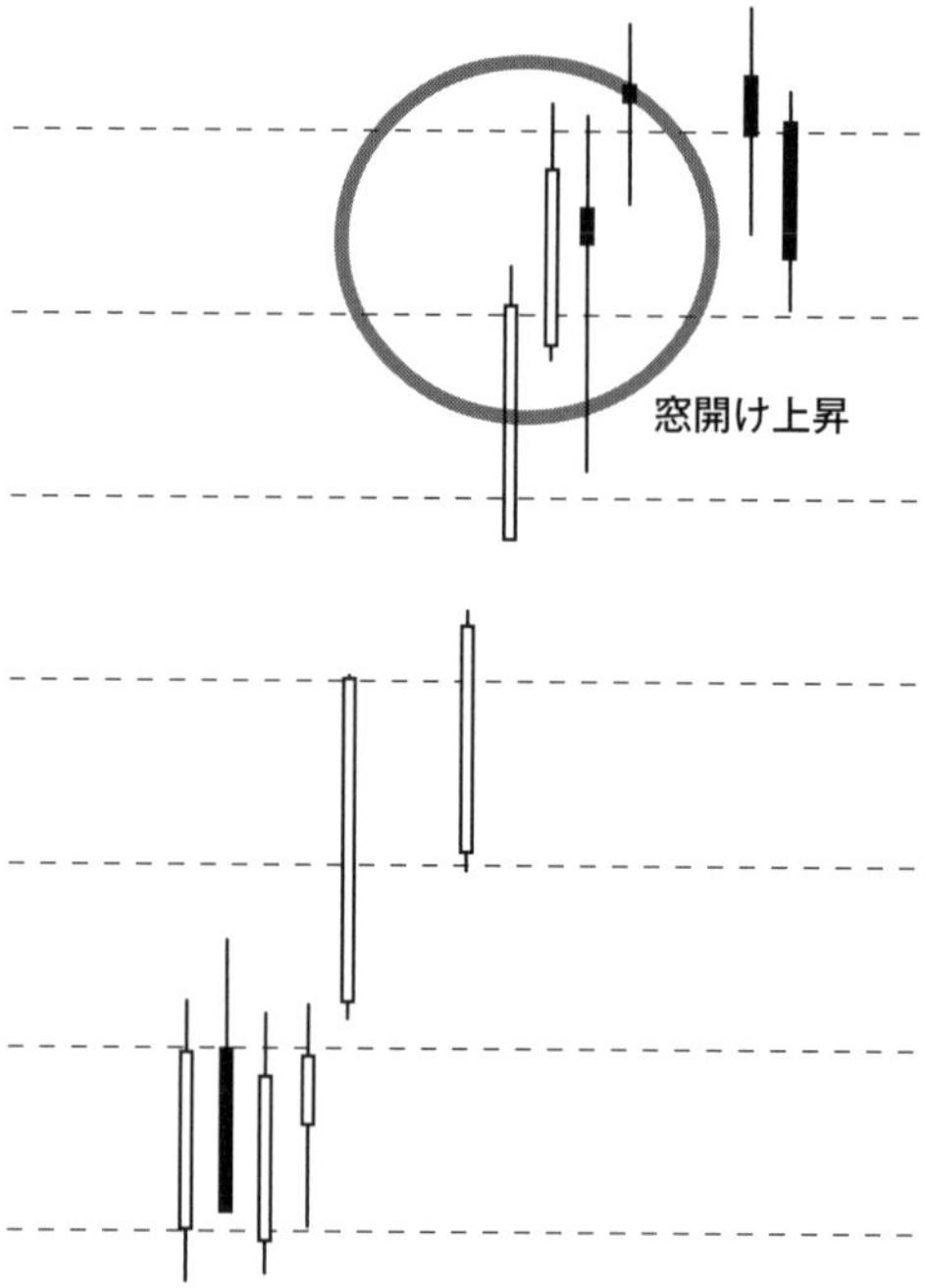
窓開け上昇

株価が急騰し、前日の高値よりも、当日の安値が、高い場合という窓空き上昇は、3年間で、53回認められました。その翌日はどうなったかを検証しました。

高値（58・5％）、安値（56・6％）とも、翌日には上昇していましたが、終値（47％）では、下降していました。ただし、高値は前日の終値よりも、91％の確率で上昇し、上昇率は⊕1・1～㊉1・3％でした。つまり、窓を開けて上昇した場合は、翌日に前日終値以下で買えば、91％以上の確率で、それよりも1％程度は、一時的に上昇するものと考えられます。

7. 窓開け下降

前日の安値よりも、当日の高値が低い場合は、過去3年間で、58回認められました。その翌日はどうなったかを、検証しました。

66％の確率で、終値は、前日終値より上昇していました。ただし、平均の上昇率としては、⊖0・43～㊉2・2％でした。つまり、窓を開けて下降した場合の翌日は、

窓開け下降の見方

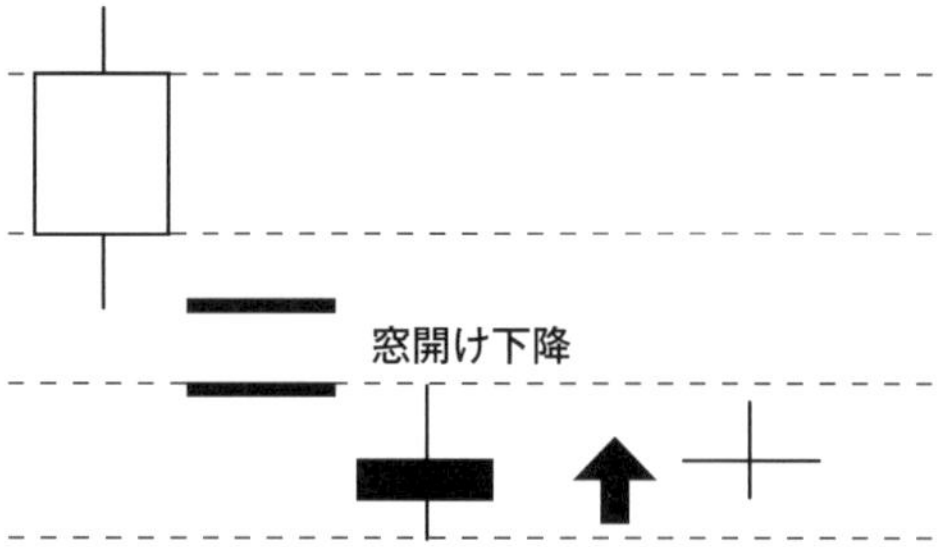
窓開け下降
終値は、66%の確率で上昇

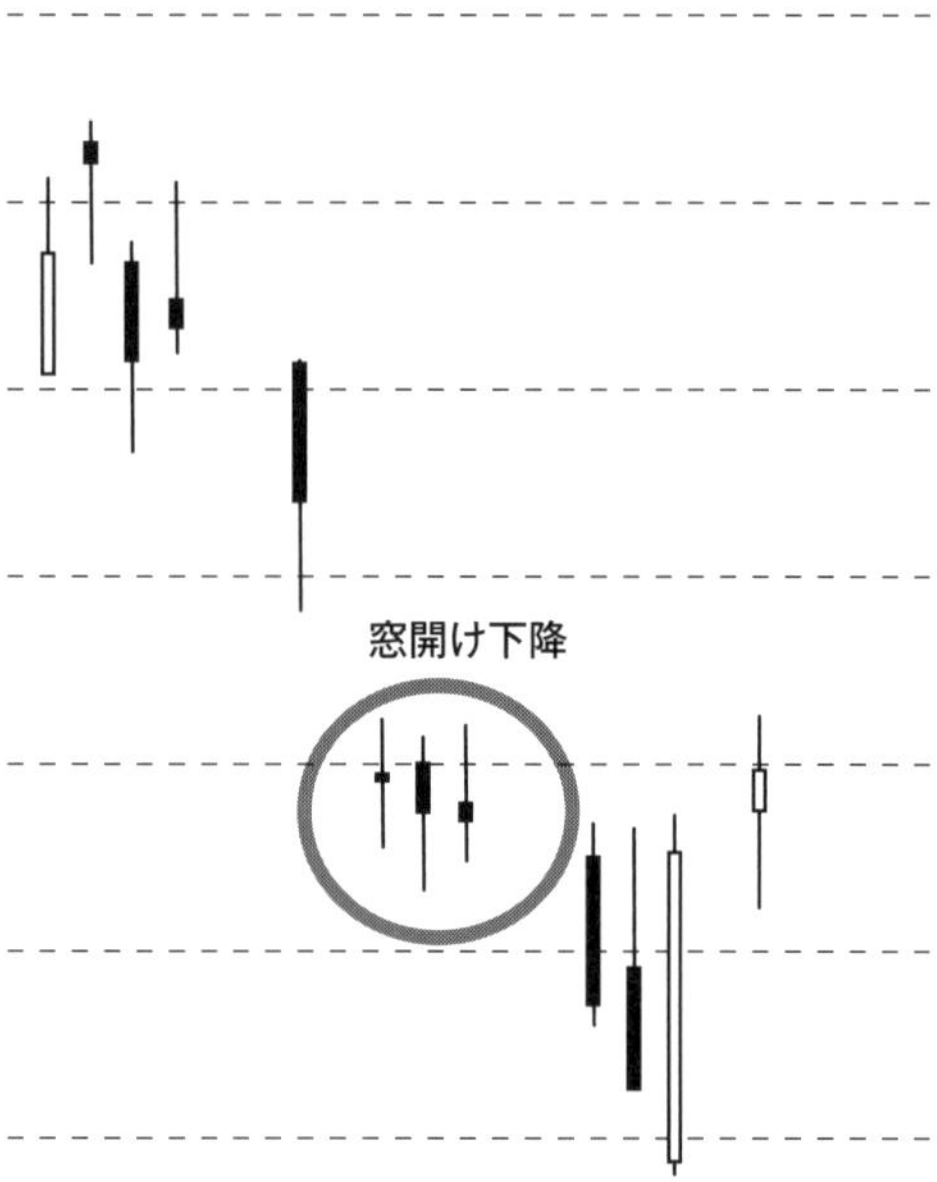
窓開け下降

横ばいとなり、続落する可能性は低いようです。

その他の用語解説

スイングトレード　短期間で株式売買を完結させること。主に信用取引において活用するトレード手法で、「安く買って、高く売る」「高く売って、安く買い戻す」の が基本。

フィボナッチ指数　株価の戻し１／３、１／２、２／３……を裏付ける元となっている理論→78〜81、１４０〜１４１ページ参照

ボリンジャーバンド　株価の推移をグラフ化したチャートを使用して、株価の動向を分析するテクニカル分析で、最も使用頻度が高い指標→14〜17、１１０ページ参照

ゴールデンクロス　株価の動きを示すグラフ（チャート）で、短期の移動平均線が中長期の移動平均線を下から上に突き破ること。株価上昇のサインとされる→１２４ページ参照

デッドクロス　チャートで、短期の移動平均線が中長期の移動平均線を上から下に突き破ること。株価下落を示すサインとされる→１２６ページ参照

part 1

任天堂株デイトレード日記

「ボリンジャーバンド」を駆使して任天堂株式売買で利益を実現

2022年1月から3月におけるトレード内容を振り返ってみます。日経平均株価（以下「日経」）が、調整を受けている時期でした。ロシアがウクライナに侵攻を始めたのもこの時期です。

私はその日のトレード内容を日記にしています。どのように考えて売買し、どのような結果になったのかを、後日、見直すことができます。この期間は、任天堂の1銘柄投資が、主体でした。

「㊉0・17σ」「㊀1・03σ」といった記述が出てきますが、冒頭の工藤式投資術の基本でも触れたボリンジャーバンドです。㊉2σの曲線内にほとんどの株価変動は含まれることになります。

2022年1月4日（火曜日）

●始値5万4000円（5400円）　●終値5万4380円（5438円）　※（　）値は株式分割後換算

大発会（その年の最初の株式取引日）は、日経は⊕510円（⊕1・77%）、終値2万9301円と大幅上昇で始まった。

任天堂の終値は⊕1・36%。トヨタ自動車の⊕6・13%に比べると物足りなかったが、デイトレードで利益は確定した。

デッドクロス（株価下落を示すサインとされる）に近づいているので、反発できるかを注視したい。

1月5日（水曜日）

●始値5万4080円（5408円）　●終値5万3340円（5334円）

日経は続伸したが、任天堂は午後から急落して、デッドクロスとなった。デイトレードは、午前中に利益を上げたが、午後の急落では、今後さらに下落する可能性もあるので、押し目買いはしなかった。終値は、⊖1040円（⊖1・9%）で、⊖1・03σ。

1月6日（木曜日）

●始値5万3680円（5368円）

●終値5万3060円（5306円）

日経は、暴落（㊀844円、㊀2・8%）で、2万9000円を割り込んだ。

今日は、反省すべきデイトレードのミスを3回行った。

①任天堂も、下降すると思ったが、寄り付きから上昇。前日10000円を超えて下降したので、今日の高値予想は、前日終値㊉6000円だったが、それを超えた。この時点で、空売りすべきであったのを逃して、その後下降した。

デイトレード反省点

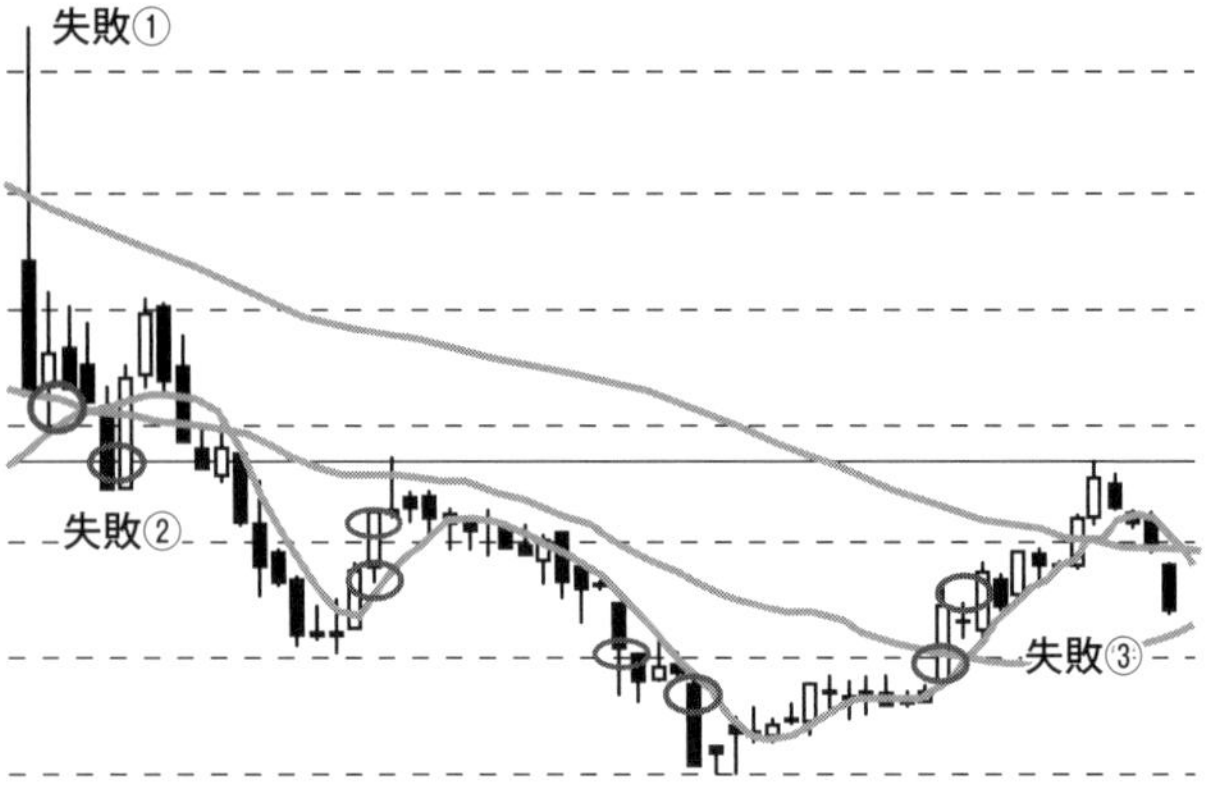

② 1番底で買った後、底値割れ対応で空売りしたが、反対売買を入れていたため約定して、その後の下降に対応できなかった。2番底を確認してから、反対売買すべきで、底値割れに対する対応がまずかった。

③ 午後から、10％戻しで、200株持っていたが、損益分岐点（10％戻し）でこらえられなくなって売ってしまった。結局、その後の引けにかけての上昇を、無駄にしてしまった。

ただし、これだけ失敗しても、1日の収支はマイナスにはならなかった。

1月7日（金曜日）

●始値5万2900円（5290円）　●終値5万3800円（5380円）

前日のアメリカ株（ダウ、ナスダック）は、調整が入っていたが、任天堂は寄り付き後に急上昇。本日も2回の反省すべきミスをした。

① 上昇時に、空売りをできなかった。急上昇に目がいき、空売りまで、頭が回らなかった。

②　底値での買い指し値（金額指定）を低くしすぎた。**約定（売買成立）**に20円足りず、その後の上昇をものにできなかった。**5%戻し（値下げ幅からの戻り率）**で指し値していれば買うことができた。

結果論ではあるが、もう少し、萎縮せずに、複数ポイントで、幅を持って取引に参加しても良いと思われた。

予想外の上昇に空売りできなかった
底値買いが、20円足りずに約定しなかった

1月11日（火曜日）

●始値5万4170円（5417円）
●終値5万3830円（5383円）

日経は、⊖256円（⊖0・9％）で、終値2万8222円。任天堂は、前日と変わらずの終値で⊖0・42σ。明日までの持ち越しとして、⊖0・15σで200株買って、反対売買（売却）は、⊕0・14σで注文した。

明日までの持ち越しは、移動平均値またぎで、47％戻しである。統計的には、80％の確率で約定されるはずである。

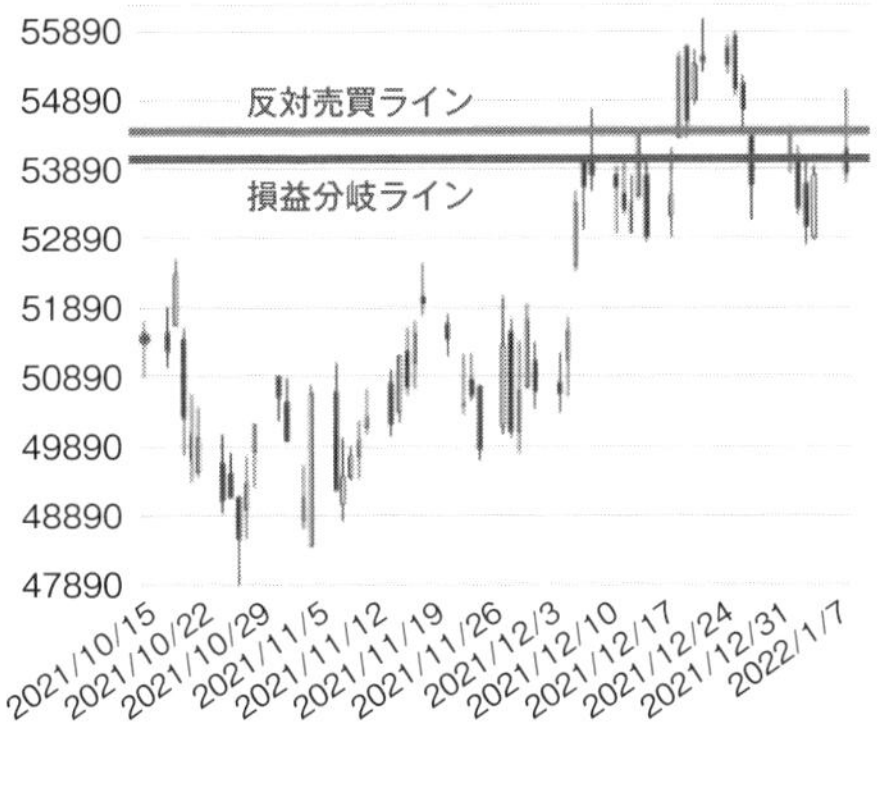

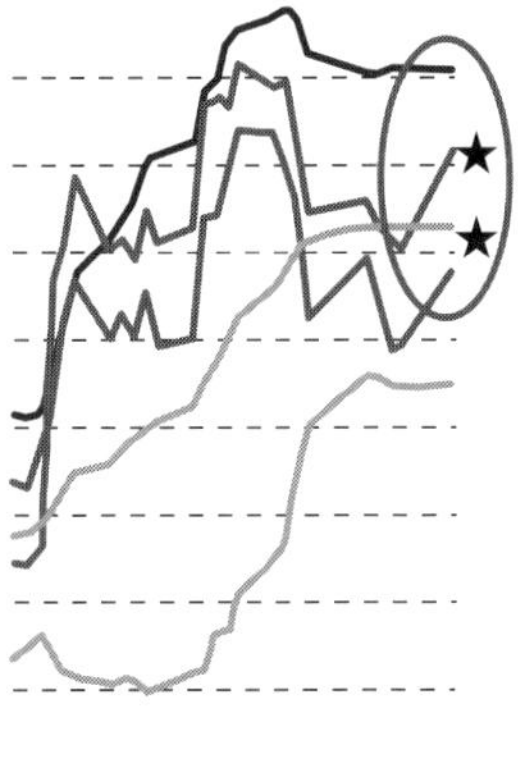

1月12日（水曜日）

●始値5万3950円（5395円）

●終値5万3590円（5359円）

日経は、⊕543円（⊕1・92％）と大幅に上昇したが、任天堂は、⊖0・45％と終値⊖0・72σまで反落した。日経とは、反対に動くいつものパターンであった。前日の200株の持ち越しは、100株を利益確定した後、100株買い戻して、ほぼ同じ値段（⊖0・21σ）で入れ替えとなった。

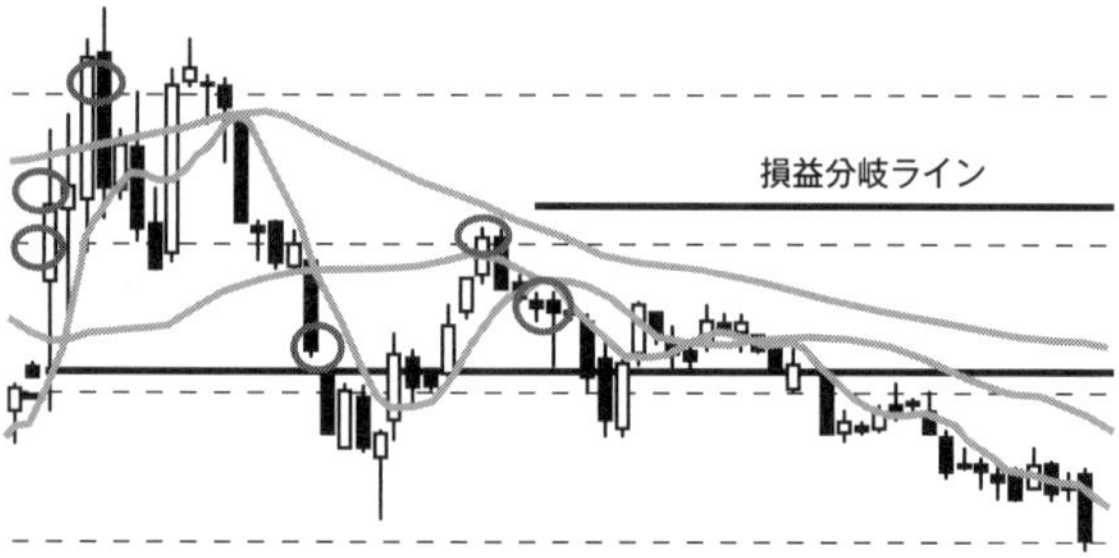

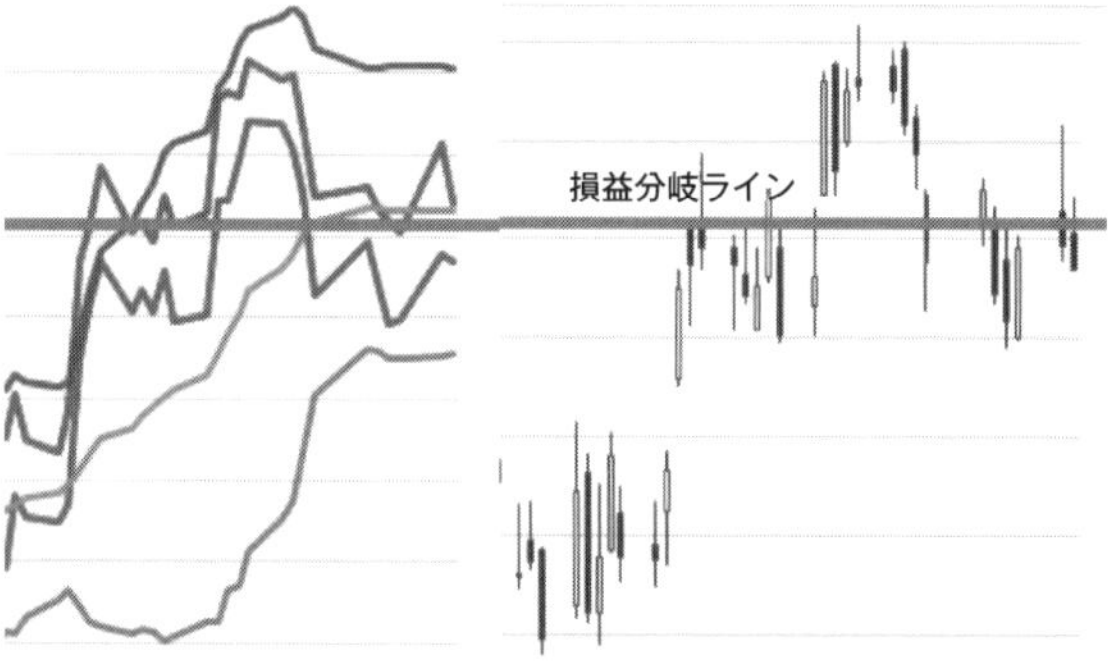

1月13日（木曜日）

●始値5万3420円（5342円）
●終値5万2730円（5273円）

任天堂を寄りから買ったがすぐに下降して、安値引けとなった。押し目買いをして一時反発したところで清算し、デイトレードはプラマイゼロとした。大引けで、底値まで下降したので、100株持ち越し用に買った。これは、明日の引けまでに清算し、1日のみの保留とする。

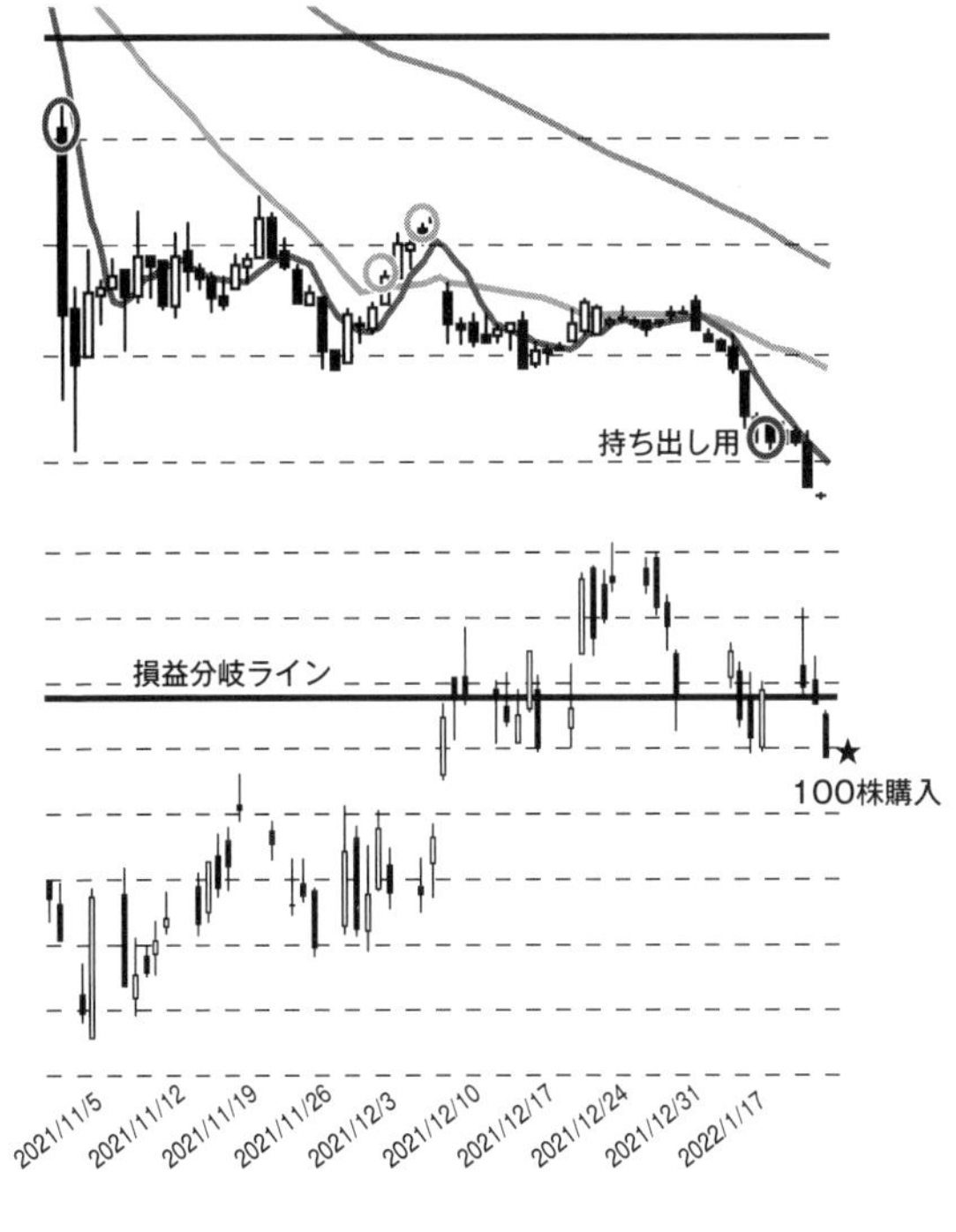

1月14日（金曜日）

●始値5万2460円（5246円）　●終値5万1920円（5192円）

日経は、㊀364円（㊀1・28％）で、一時2万8000円を割り込んだ。任天堂も、2日連続の下降のため、昨日の持ち越し分100株を損切り。㊀2σを切ってきたので、反転を注視する。

1月17日（月曜日）

●始値5万2320円（5232円）

●終値5万2780円（5278円）

任天堂は反発したので、1番天井で空売りをしたが、午後から、2番天井をつけた。やむを得ず、2番天井で損切りをした

1月17日

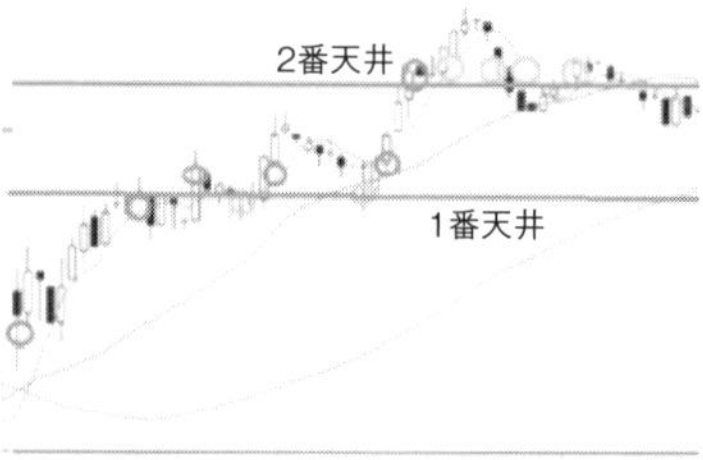

1月14日

高値・安値・ボリンジャーバンド

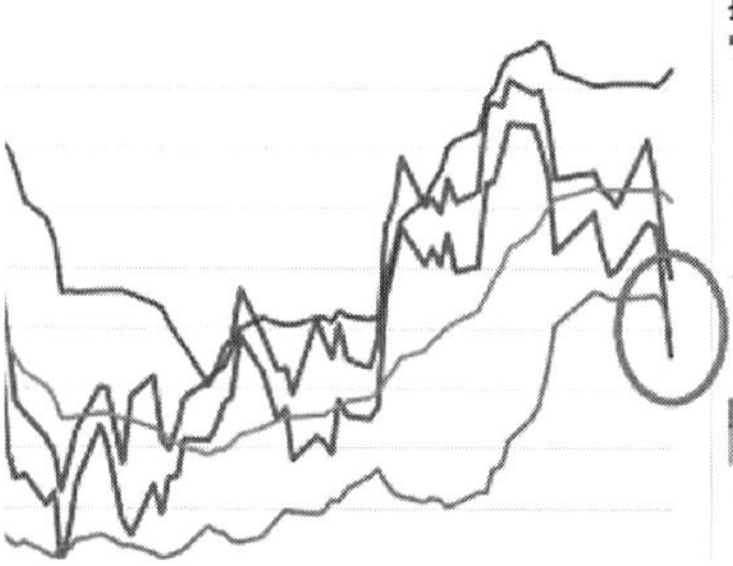

が、仕方がない。

1月19日（水曜日）

●始値5万3900円（5390円）　●終値5万3290円（5329円）

日経は、前日のダウの急落を反映して、大幅な下降となったが、任天堂は、逆行高となった。株価は25％戻しで100株を購入して、損益分岐ラインを⊕0・77σにセットした。上昇傾向なので、さらなる上昇サインともいうべきゴールデンクロスも含めて、スイングトレードとしては、まずまずのポジションと思われる。

1月20日（木曜日）

●始値5万3420円（5342円）　●終値5万4780円（5478円）

日経は、⊕305円（⊕1・11％）と反発して、2万7772円で大引け。任天堂も大幅に反発、⊕2・8％（⊕1490円）で、終値は⊕0・83σとなった。寄りから、買い注文をして、デイトレードで利益を確定。ゴールデンクロスとなりそうなの

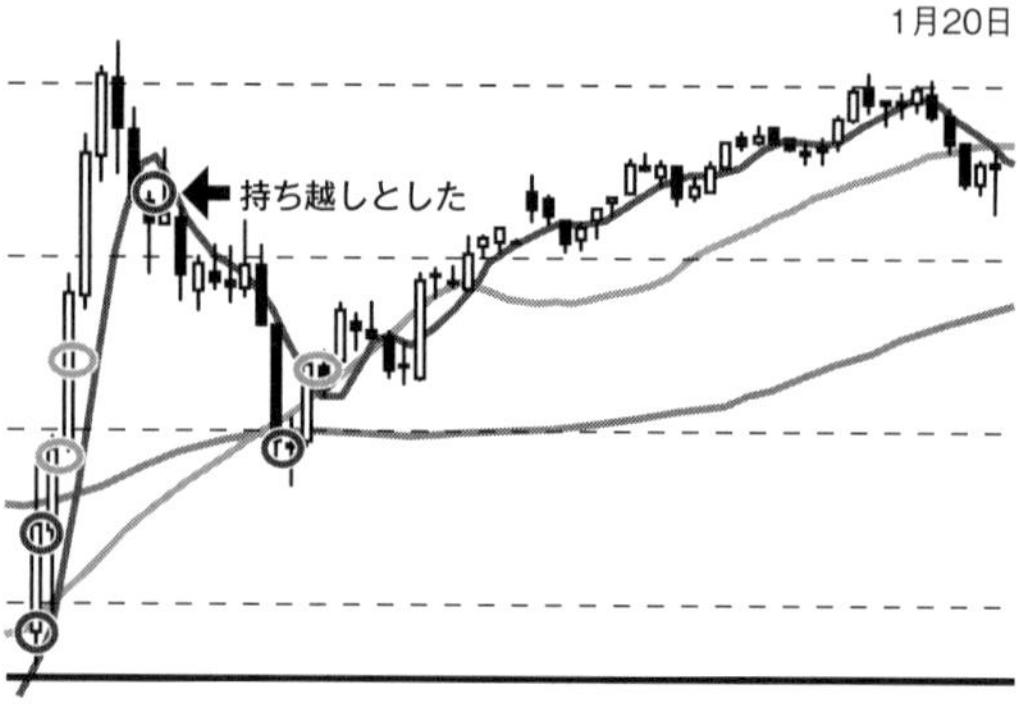

5-20日移動平均線

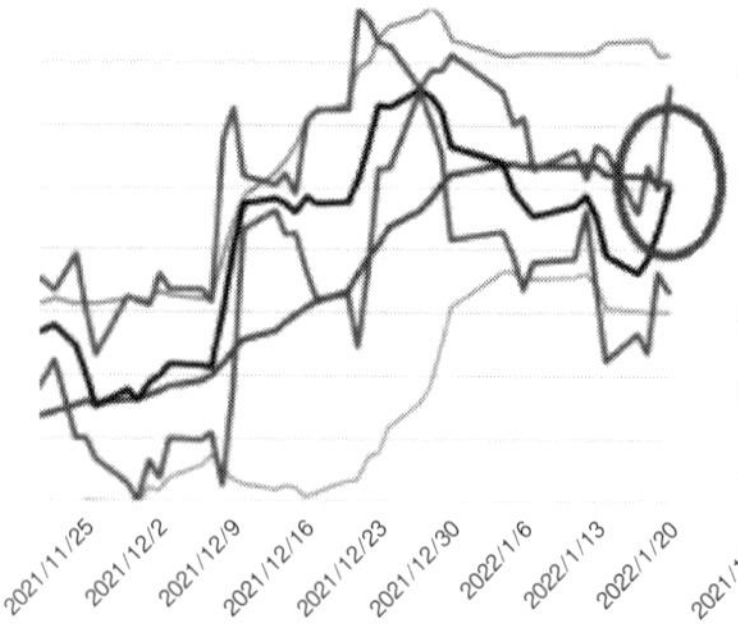

高値・安値・ボリンジャーバンド

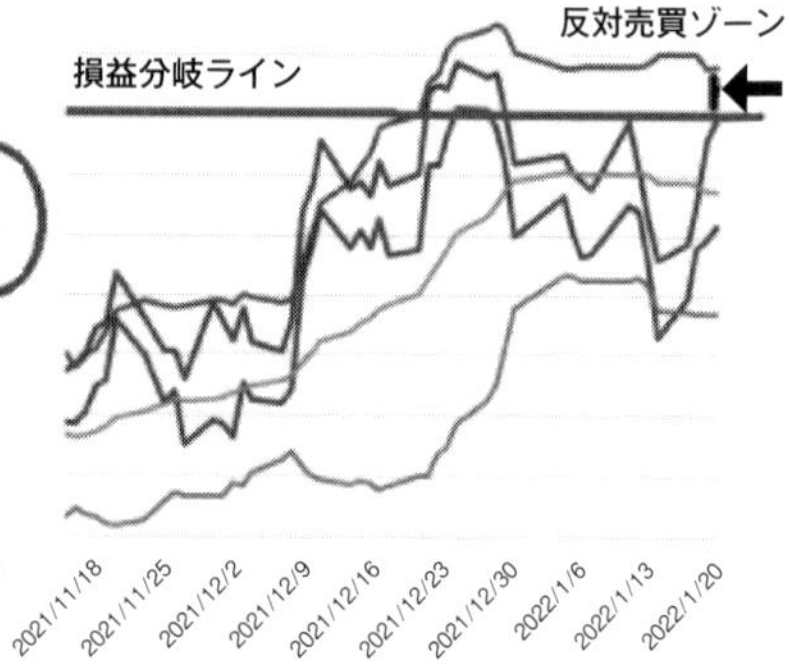

で、⊕1・25σから⊕1・75σで、反対注文（購入→売却）をしておく。

1月21日（金曜日）

●始値5万4510円（5451円）

●終値5万4710円（5471円）

前日のダウ、ナスダックの大幅な下落のため、日経も⊖250円（⊖0・90％）の下げとなった。全体の流れが悪い中、任天堂は、前場⊖200円（⊖0・37％）、終値は⊕0・72σの中で、デイトレードで手堅く利益を確定した。ついに、待望のゴールデンクロスとなった。来週以降の上昇に、大いに期待する。引き続き、⊕1・25～⊕1・75σで、反対売買の注文とする。

5-20日移動平均線

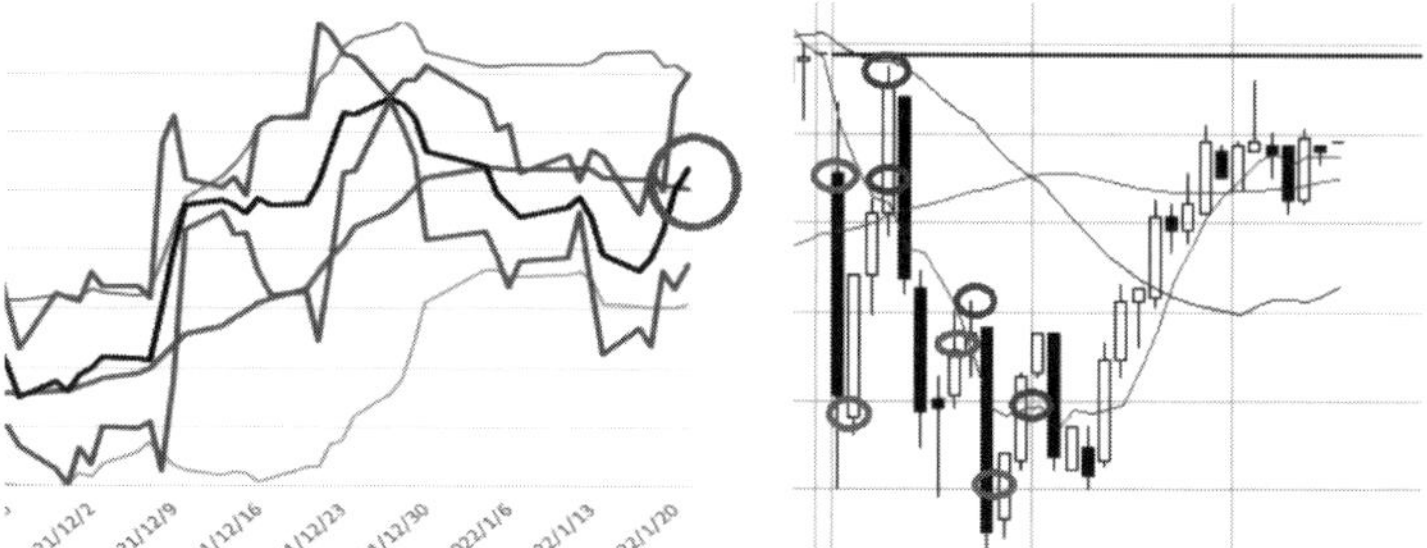

1月24日（月曜日）

●始値5万4150円（5415円）　●終値5万3900円（5390円）

週末のダウが6日連続で大幅に下落したため、任天堂も大きく下げた。想定通りではあったが、反発が思ったより弱かったため、デイトレードはマイナスとなった。寄り付きの買いは良かったが、その後上昇傾向として追加買いしたのが、重荷になった。もう少し様子を見てから、追加注文はしないといけない。後場で、上昇傾向となったので、100株は翌日まで、保留することとした。

1月25日（火曜日）

●始値5万3700円（5370円）　●終値5万3950円（5395円）

日経は、㊀457円（㊀1・66%）で、2万7131円まで下降した。任天堂は、逆行高（市場全体が下降局面の中で株価が上昇）で終えた（終値㊉0・28σ）。デイトレードでは、利益を確保した。

1月26日（水曜日）

●始値5万4590円（5459円）　●終値5万6300円（5630円）

日経は続落して、一時2万7000円を割り込んだが、任天堂は、逆行高。ゴールデンクロスして3日目で、⊕2σに到達した。また、寄り付き10分での上昇から、全体としても、⊕2350円の上昇（⊕4・36％）で、終値⊕2・57σとなった。これらは想定以上だった。手持ちの株をすべて清算した。明日は、安値を拾う展開となる。反対売買は、最低でも1株⊕500円を見込む。

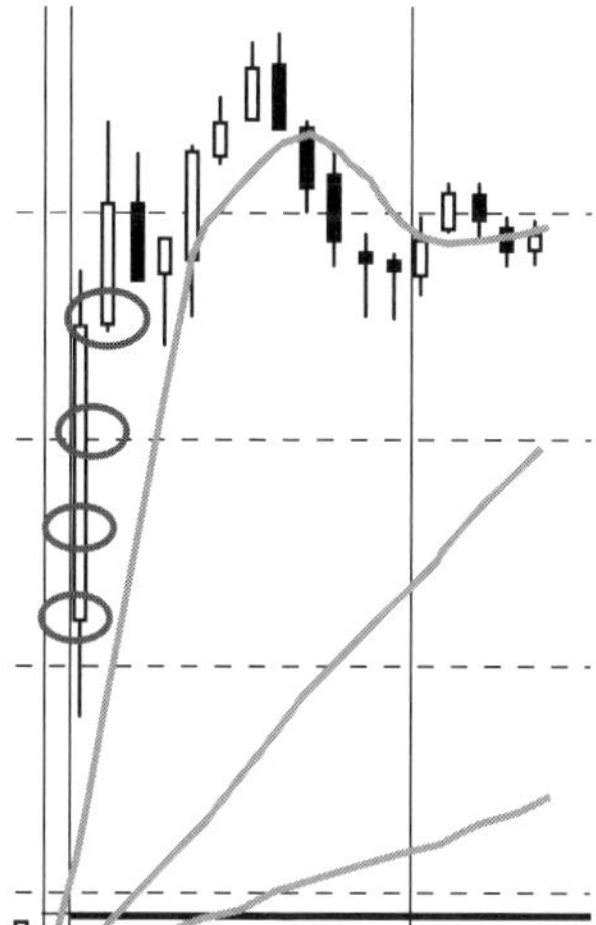

1月27日（木曜日）

●始値5万6380円（5638円）　●終値5万6080円（5608円）

米国の金融政策を決定するＦＯＭＣ（連邦公開市場委員会）で、早期利上げが現実となり、日経は１０００円近い下降となった。任天堂も下降したが、寄りからのデイトレードで、利益を確定した。この動きは、想定内である。まだ終値で、⊕２σ近辺である。

昨日の上昇は、野村證券が目標株価７万６０００円で、買い推奨と発表したことによるらしい。

1月28日（金曜日）

●始値5万6140円（5614円）　●終値5万6100円（5610円）

日経は、３日ぶりに反発。任天堂は、ほとんど変わらずだが、高値は⊕２σを超えている。その中で、デイトレードで利益を確定した。デイトレードは、５回の売買で、１回は損切りだったが、全体で利益となった。

1月31日（月曜日）

●始値5万6500円（5650円）
●終値5万6160円（5616円）

日経は続伸したが、任天堂は朝高後に、結局、安値引けとなる（終値⊕1・56σ）。デイトレードで、利益は確定した。高値が⊕2σを超えているが、今後調整する可能性もあり、デイトレードで注視していく。売り主体のポジションに切り替えを考慮する。

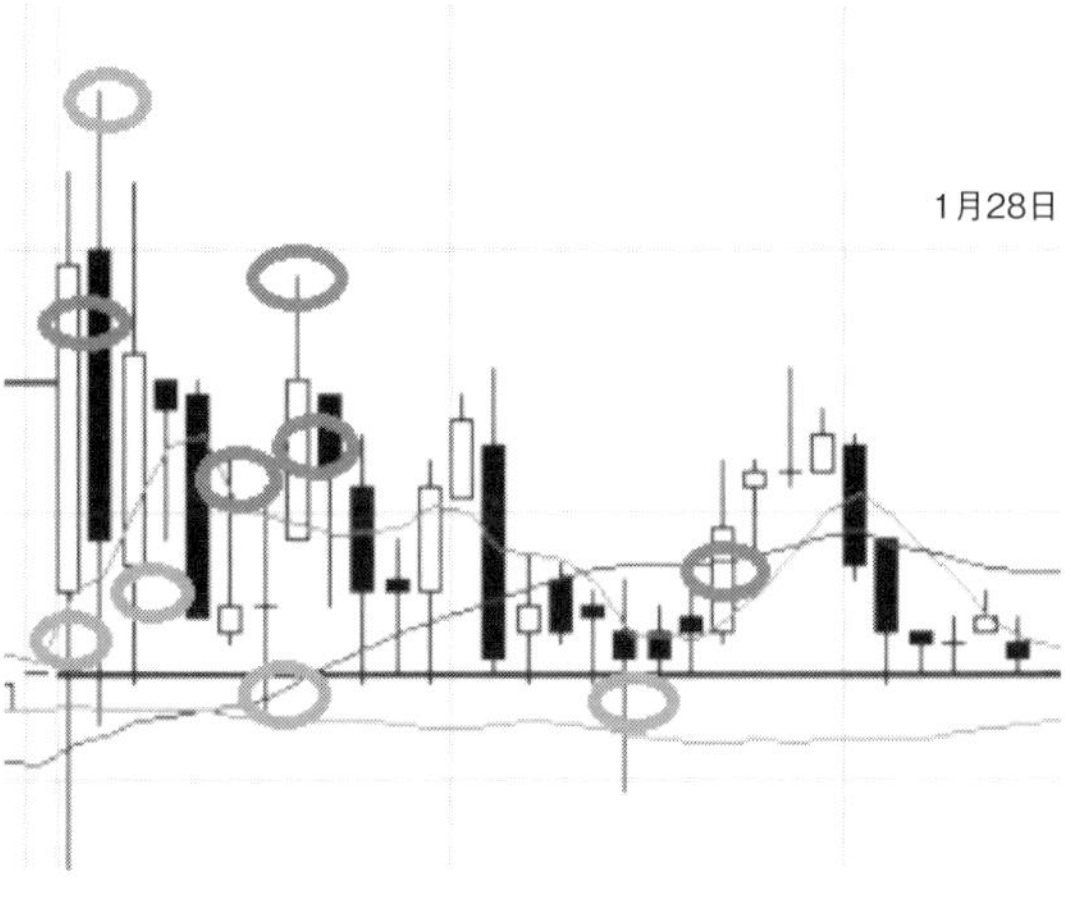

2月1日（火曜日）

●始値5万7150円（5715円）
●終値5万6720円（5672円）

日経は⊕76円（⊕0・25％）と、3日続伸して、2万7000円台をキープ。任天堂は、朝高後に低下するいつものパターンで、終値は⊕1％（⊕1・68σ）だった。今日も、高値は、⊕2σを超えた。朝高のときに空売りして、デイトレードで利益を確定。バンドウォーキングは、続いている。

2月2日（水曜日）

●始値5万6420円（5642円）　●終値5万7740円（5774円）

日経は、⊕455円で4日続伸。任天堂も、バンドウォークして、終値で⊕1・98σ。今日は、一時空売

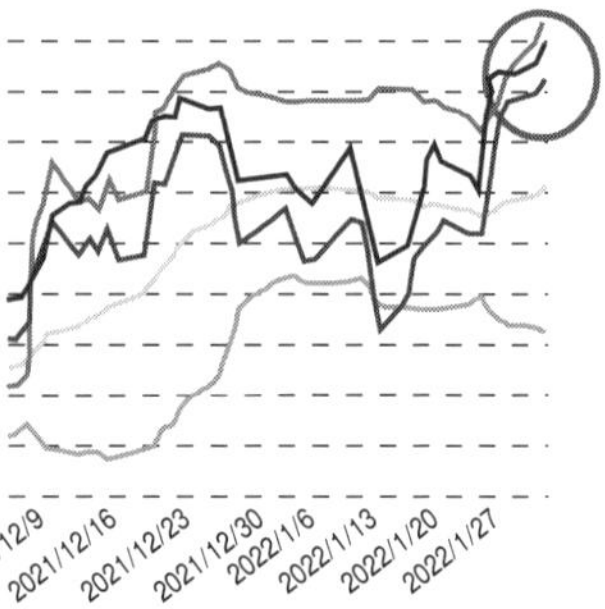

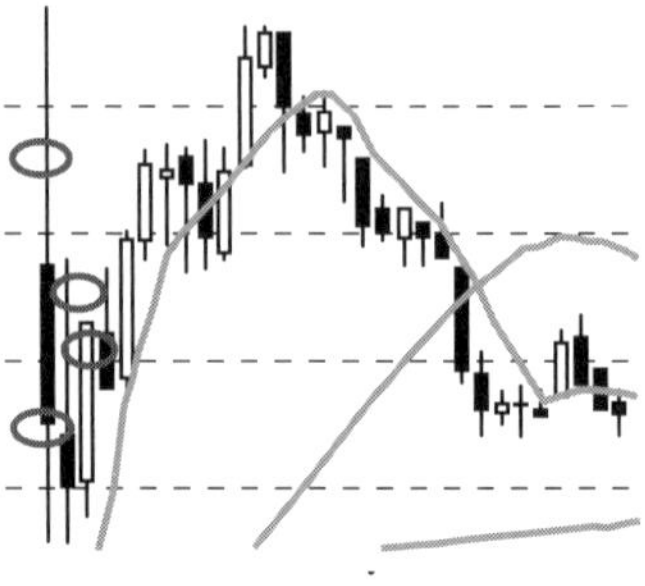

りをしたが、上昇傾向なので、すぐに損切りをした。久しぶりにデイトレードで損失を出したが、傷は小さかった。バンドウォーキングして6日目だが、買いポジションが、優勢である。

2月3日（木曜日）

●始値5万7200円（5720円）　●終値5万6150円（5615円）

日経は、ナスダック先物の下落により㊀292円（㊀1・06%）と5日ぶりの下落。

任天堂も、㊀2・75%と大きく下落して、終値（㊉0・9σ）で調整された。上がり基調であるので、チャンスと、㊉1・25σで300株買い持ち越しとした。反対売買を来週までで、㊉1・5σに設定した。

2月3日

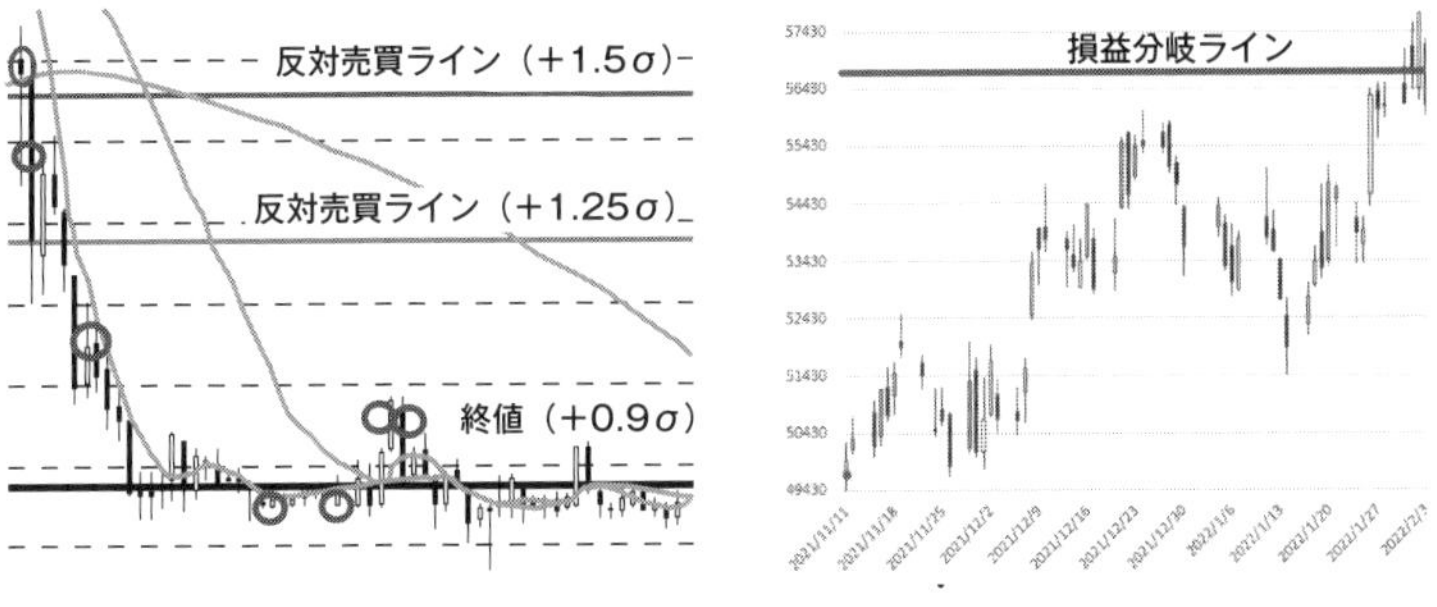

2月4日（金曜日）

●始値5万6600円（5660円）　●終値5万8180円（5818円）

昨日は、ダウ、ナスダックとも大幅な調整が入り、日経も下降した。任天堂は、昨日の決算発表が増益・増配だったので、2回目のバンドウォークをして、急上昇した。寄りからの1時間で、⊕4％、2000円以上の上昇となり、300株の持ち株をすべて清算し、利益を確定した。1株6万円のレベルも視野に入ってきたので、来週からの上昇に期待したい。

2月7日（月曜日）

●始値5万7750円（5775円）　●終値5万8490円（5849円）

日経は㊀0・8％、任天堂は㊀0・5％となった。そのような状況下、デイトレードで、確実に利益を上げた。高値で⊕2σを切っているので、今後の推移を注視する。

2月8日（火曜日）

●始値5万8020円（5802円）　●終値5万7680円（5768円）

日経は⊕35円。トヨタ、ファナックは上昇したが、任天堂は⊖1・38％下落して、終値⊕1・14σとなった。デイトレードで、利益を確定して、200株をスイングトレード用に保有。明日以降の反対売買は、⊕1・5σと⊕1・44σ（100％戻し）に設定した。3月までには、もう一段の上昇を期待したい。

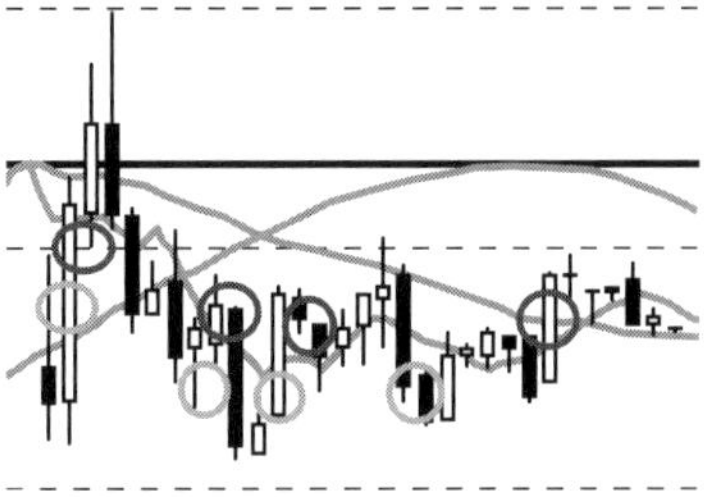

高値・安値・ボリンジャーバンド

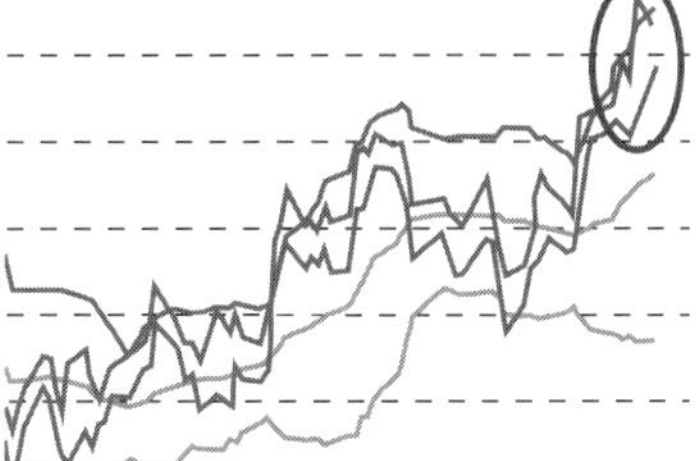

2月9日（水曜日）

●始値5万8270円（5827円）　●終値5万8090円（5809円）

日経は⊕1％以上の続伸。任天堂は⊕0・1％程度の微増。昨日の200株を高値で売却して利益を確定し、すべて清算した。一応、任天堂もバンドウォークの後の調整が入っているので、注意する。窓を開けて、変化する可能性があるので、翌日までの持ち越しは、避けておく。

2月10日（木曜日）

●始値5万8120円（5812円）　●終値5万8060円（5806円）

日経は、微増して続伸。任天堂は、朝高後の下降。底値買いで、利益を確定した。まだ、横ばいが続いているので、デイトレードで清算する。

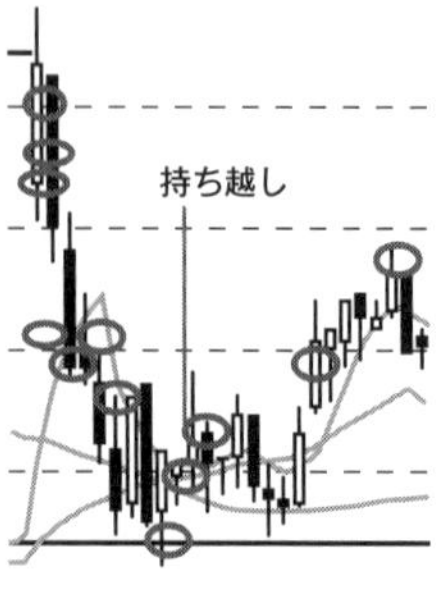

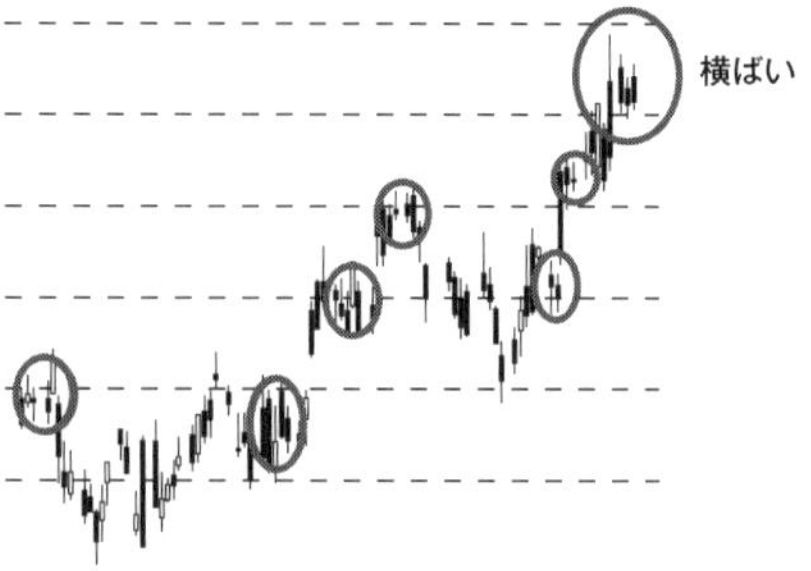

2月14日（月曜日）

●始値5万7530円（5753円）　●終値5万7750円（5775円）

日経は、一時700円を超える下落となった。任天堂は、朝安後に、午後から回復。底値買いのデイトレードで、利益を確定。安値が一時⊕0・4σまで低下した。今後、移動平均線近くで、反発するのか、注目される。全体の地合い（相場の状況）は悪いが、個別には上昇要素がかなりある。

2月15日（火曜日）

●始値5万7820円（5782円）　●終値5万7420円（5742円）

日経は続落。任天堂は前日終値で、もみ合い。想定通りに、デイトレードでしっかり利益を上げた。

2月14日

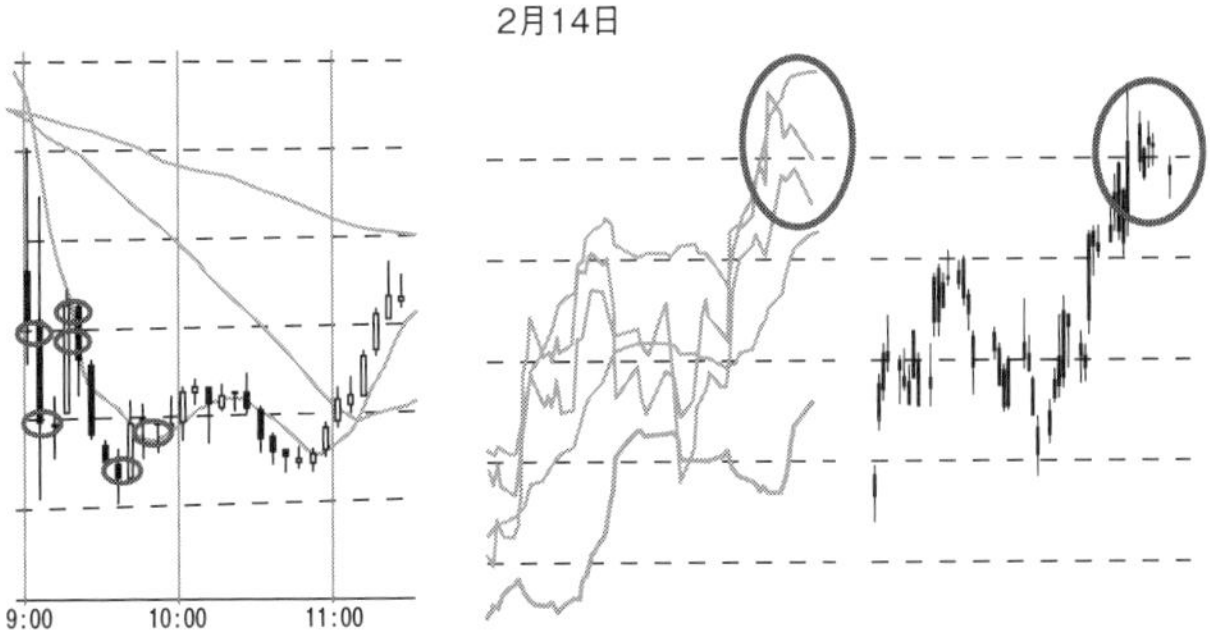

2月16日（水曜日）

●始値5万8420円（5842円）　●終値5万8610円（5861円）

前日、ウクライナからのロシア軍一部撤退の情報により、ダウ、ナスダックが上昇したのを受けて、日経も500円以上の上昇となった。任天堂も、⊕2・0%以上の上昇となり、デイトレードで利益を確定。もう一度、⊕2σまで上昇する可能性があり、注視していく。3月一杯までは、この傾向が続くとみている。

2月17日（木曜日）

●始値5万8740円（5874円）　●終値5万8760円（5876円）

日経は⊖0・83%だったが、任天堂は続伸し⊕0・26%（終値⊕1・21σ）だった。想定内の変動となり、デイトレードで、利益を確定。明日は、横ばいで、終値5万9000円を超えたい。

２月18日（金曜日）

●始値５万８７２０円（５８７２円）●終値５万９４８０円（５９４８円）

ウクライナ情勢の悪化で、ダウ、ナスダックは、今年に入って一番の下げ。日経も下がって始まったが、任天堂は、途中から急反発。ジェフリーズ証券（世界有数の金融機関）が、任天堂株に対する評価をバイ（買い）に変更（目標株価を４万３９００円から６万７０００円に高め設定）したり、ガンホー・オンライン・エンターテイメ

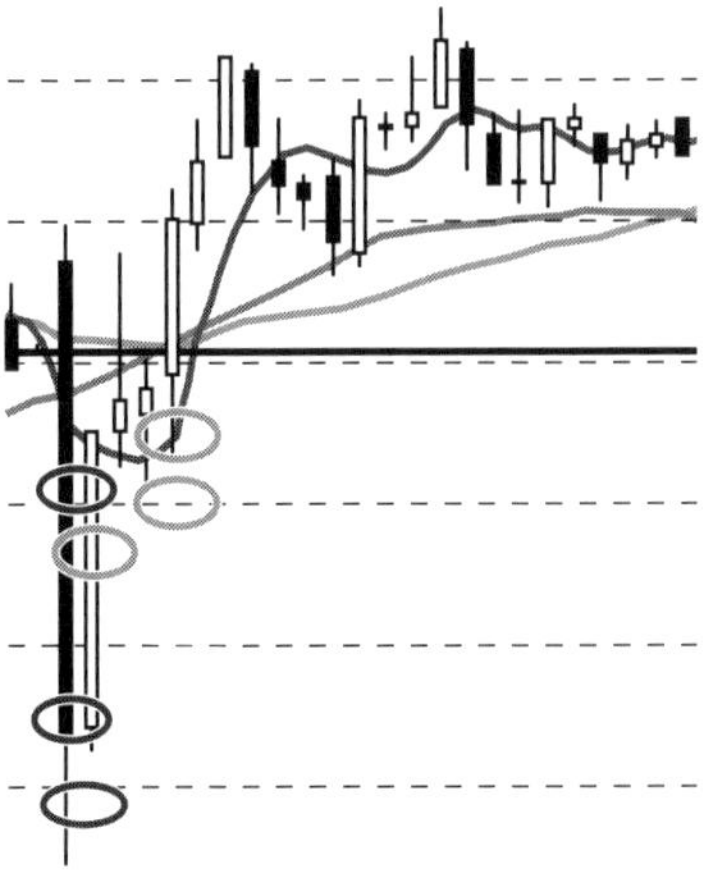

高値・安値・ボリンジャーバンド

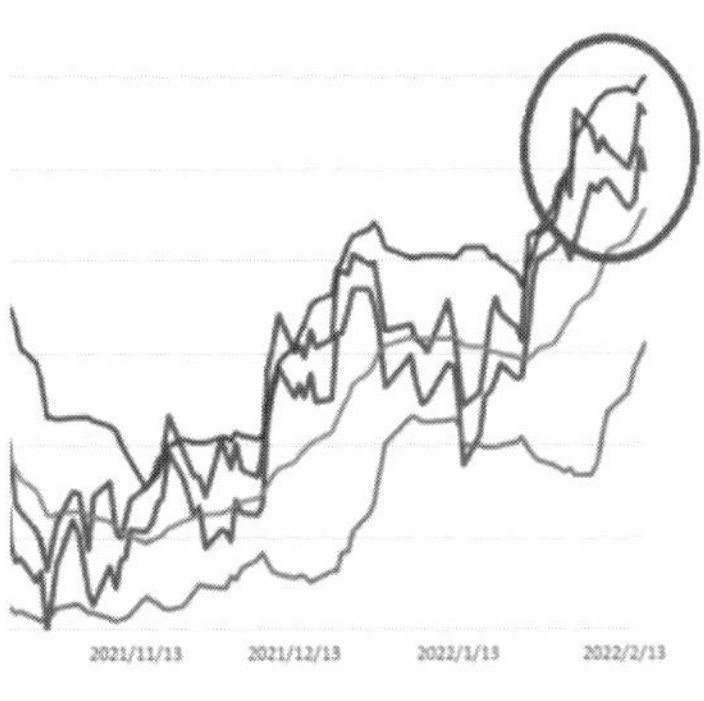

ントの人気ゲーム「パズドラ」を、任天堂の「スイッチ」向けに販売と発表した影響が考えられる。⊕2σが、ようやく、6万円を超えた。終値は、⊕1・61σで、5万9000円を大きく超えた。投資家心理も改善しているので、来週中に6万円を超えると思われる。

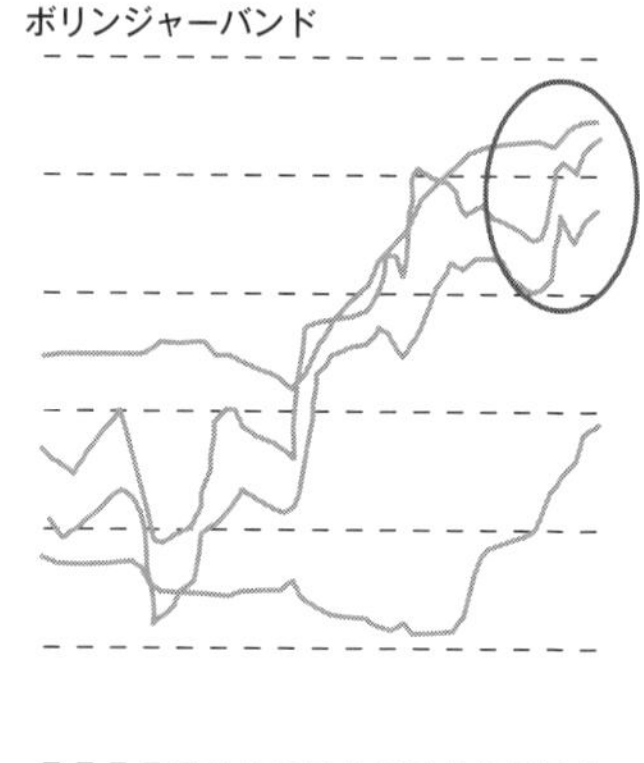

2月21日（月曜日）

●始値5万8940円（5894円）

●終値5万8770円（5877円）

ウクライナ情勢の悪化のため、日経は続落して2万7000円を割り込んでいる。任天堂も、下降して始まり、横ばいの展開。そんななか、デイトレードで利益を確実にあげた。

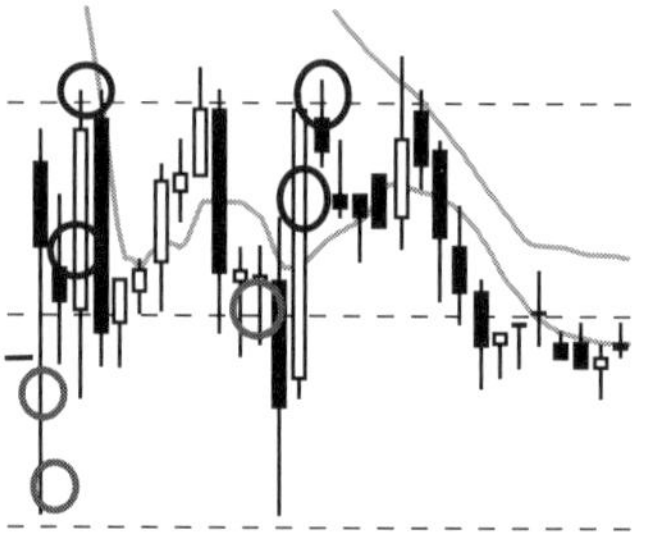

2月22日（火曜日）

●始値5万7700円（5770円）　●終値5万7910円（5791円）

ロシアがウクライナに軍派遣のニュースで、日経は大幅続落。任天堂もストップ安気配で始まる。デイトレードでは、底値を拾って、利益を確定した。安値が移動平均線まで届いたので、今後どうなるかを注視する。

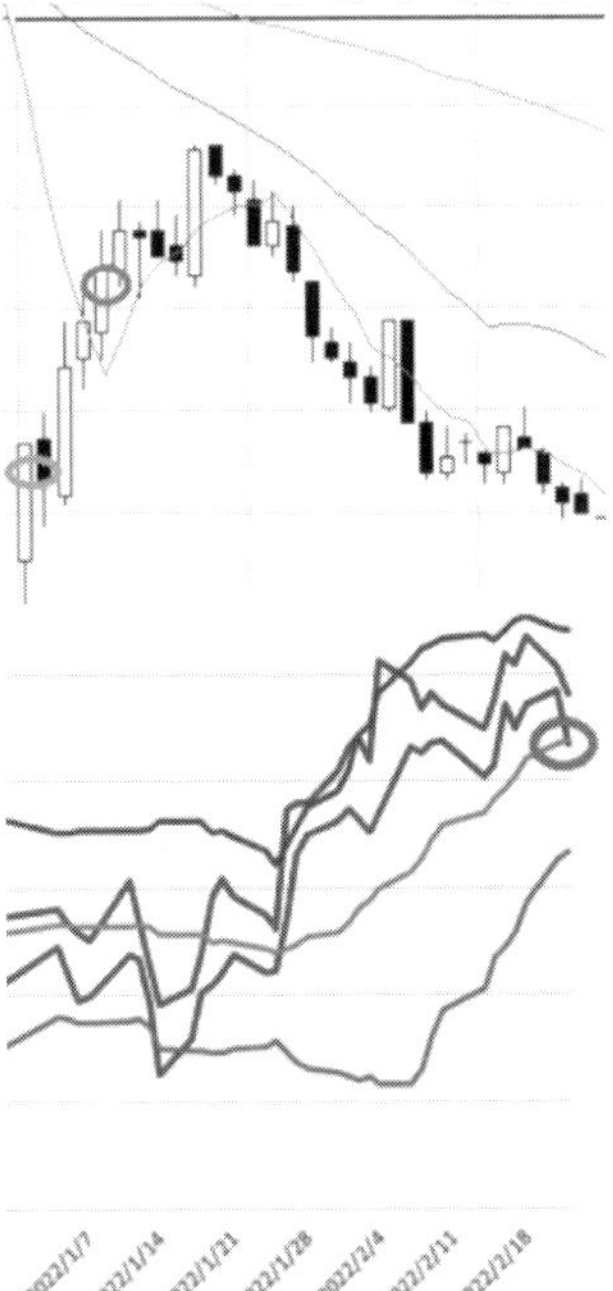

2月24日（木曜日）

●始値5万7260円（5726円）
●終値5万7050円（5705円）

ロシアが、ウクライナに全面侵攻したとの情報から、午後から一段安。日経は㊀478円（㊀1・81％）で、2万6000円を割った。任天堂も㊀1・49％で、終値は㊀0・69σ。

㊀0・37σで、100株を持ち越した。地政学的リスクがどの程度株価に反映されるか、デッドクロスしそうではあるが、どうなるか慎重に様子を見る。

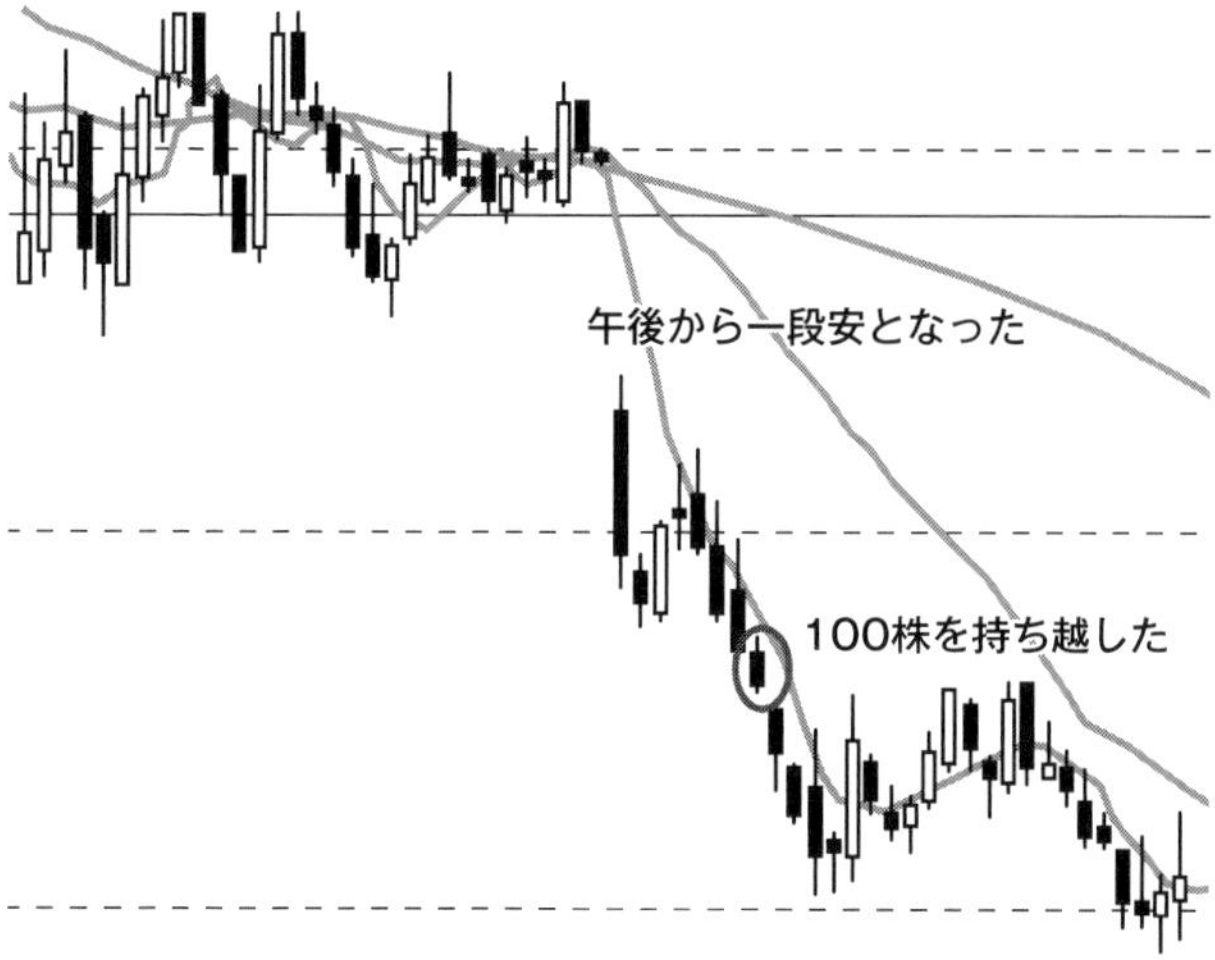
午後から一段安となった
100株を持ち越した

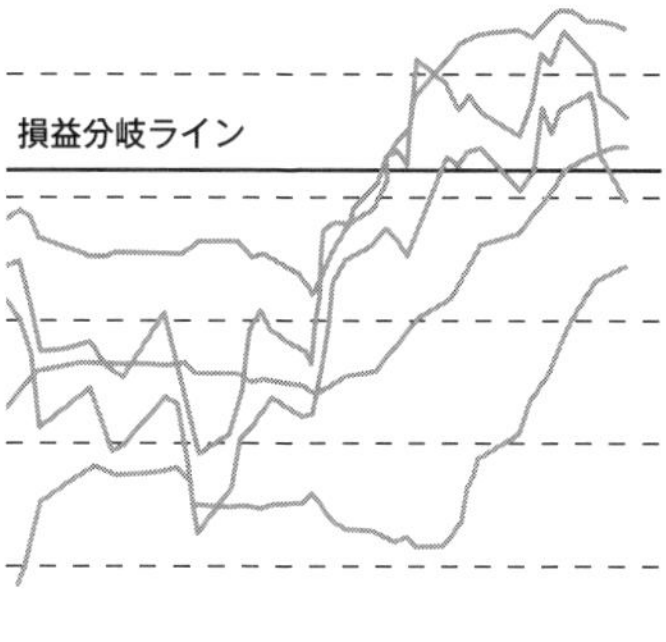
損益分岐ライン

損益分岐ライン

2月25日（金曜日）

●始値5万7120円（5712円）　●終値5万6900円（5690円）

日経は⊕505円（⊕1・95％）の急反発となったが、任天堂は、若干下落（⊖0・26％で終値は⊖0・92σ）。場中に安値が、⊖2σに近づいた。デッドクロスとなっているので、第一弾として、⊖0・84σで100株を保有した。今後の見通しとしては、移動平均線までの回復は、4～5日と思われるので、⊖2σ近辺の安値を拾っていく。デイトレードでは、利益を確定できた。ボックス相場からの、反転を期待する。

2月28日（月曜日）

●始値5万7380円（5738円）　●終値5万8020円（5802円）

ロシアの銀行を、SWIFT（国際的な銀行間決済システム）から除外するとの報道で、株価の動揺を心配したが、日経は、ほぼ変わらず。SWIFTからの除外は、世界の基軸通貨であるドル決済が不可能になることであり、大打撃を受けるロシア経済の世界への影響も少なくないだろう。

任天堂は、⊕1120円（⊕1・97％）となり、終値は⊕0・17σ。思っていた以上に早くに反発した。先週の手持ち株とデイトレードで、利益を確定した。

3月1日（火曜日）

●始値5万8870円（5887円）　●終値5万8120円（5812円）

日経は⊕317円（⊕1・2％）と続伸。任天堂は⊕1000円（⊕0・17％）で、朝高後に急落して、上昇は限定的であった（終値⊕0・21σ）。押し目買いで、300株を持ち越した（⊕0・93σ）。反発が思っ

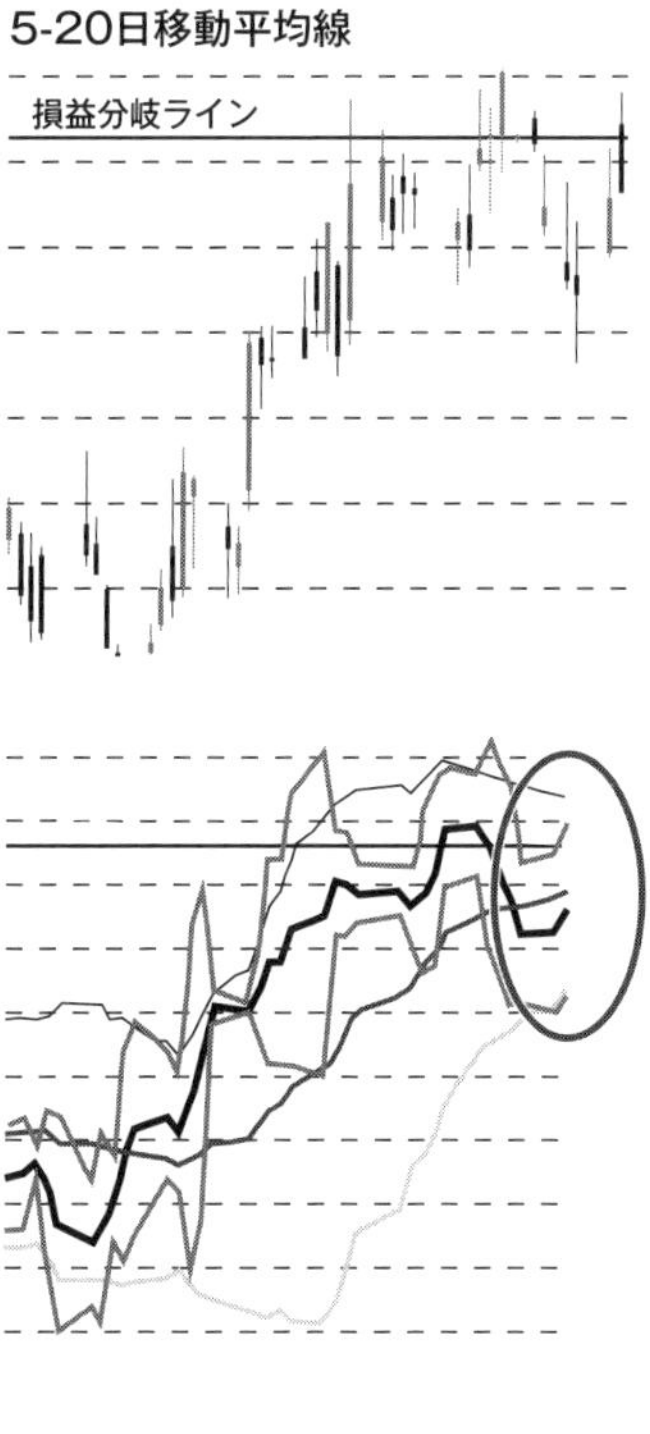

たより弱かった。ただし、ゴールデンクロスの気配もあり、一気に、⊕1・5σ（5万9110円）程度までの上昇もあると期待している。

3月2日（水曜日）

●始値5万8400円（5840円）　●終値5万8280円（5828円）

日経は⊖451円（⊖1・68%）と大幅下落。任天堂は⊕160円（⊕0・28%）とわずかに上昇。終値は⊕0・38σ。100株清算して、残り手持ちは200株で、ちょうど⊕1σである。ゴールデンクロスになりそうなので、⊕2σまでの上昇を期待する。

5-20日移動平均線

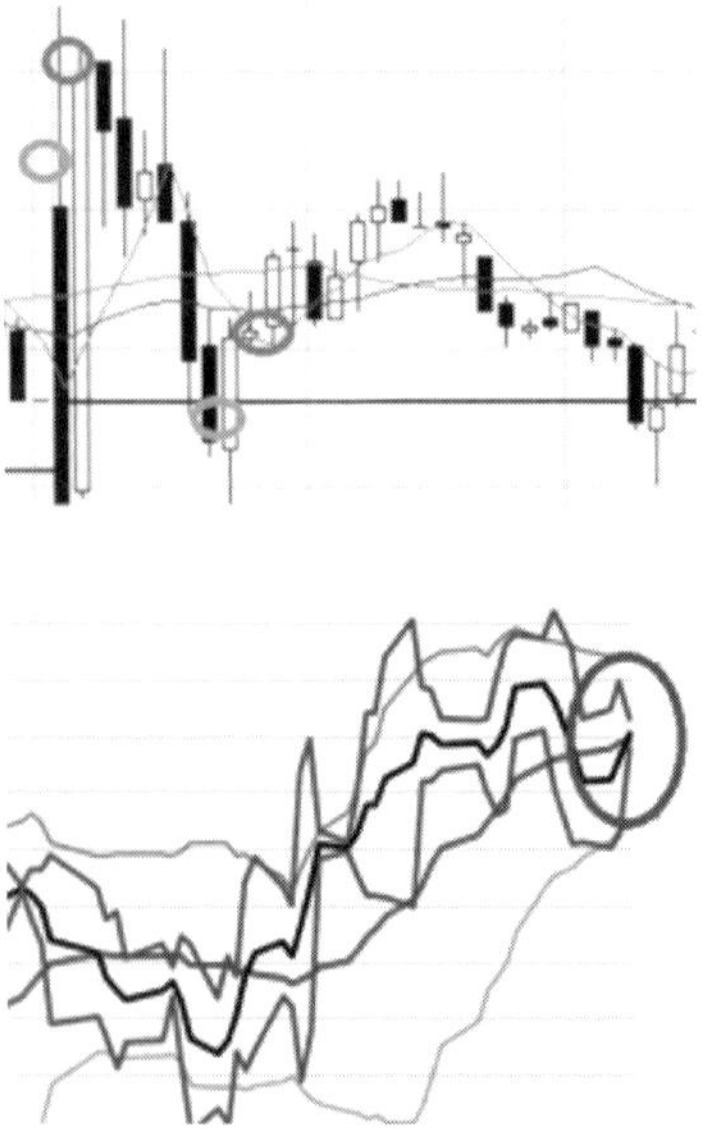

3月3日（木曜日）

●始値5万9000円（5900円）　●終値5万9330円（5933円）

ゴールデンクロスして、高値が⊕2σを超えた。手持ちの200株は、利益確定して清算。思ったより早く、達成した。明日以降は、第二波が来るか、ボックス相場で調整するかを慎重に注視する。いずれにせよ、安値を、拾っていく展開と思われる。

3月4日（金曜日）

●始値5万9660円（5966円）　●終値5万8770円（5877円）

日経は、ウクライナ情勢の悪化を受けて、大幅安となり、一時2万6000円を割った。任天堂も朝高後に、下落。想定内であり、デイトレードで利益を確定した。今後は横ばいの調整が来るか、もう一段の上昇が来るのか。3月一杯は、急落はなさそうなので、やはり底値を拾うポジションと思われる。

3月7日（月曜日）

●始値5万8410円（5841円）　●終値5万7220円（5722円）

日経は㊀764円安（㊀2・94％）の大暴落となった（終値2万5221円）。任天堂も、㊀2・64％で、終値㊀1・23σである。デイトレードでは利益を出したが、200株を、㊀0・62σで持ち越した。ポジションとしては悪くないと思われる。移動平均線あたりで反対売買とする。

3月8日（火曜日）

●始値5万6500円（5650円）　●終値5万6410円（5641円）

任天堂は、朝安後に回復して、前日終値近辺で推移。デイトレードで利益を確定した。デッドクロスになっているが、一時的な急落によるものと思われるので、明日以降の回復に期待したい。反対売買は、移動平均線を目安とする。

3月9日（水曜日）

●始値5万7600円（5760円）　●終値5万7600円（5760円）

任天堂は⊕2・18％反発して、前場終値⊖0・46σとなった。手持ちの100株を利益確定した。残りの手持ちは、100株で⊖0・06σと、移動平均線のあたりである。今週中には、超えるものと思われる。

3月10日（木曜日）

●始値5万8600円（5860円）　●終値5万8600円（5860円）

日経は⊕972円（⊕3・94％）と大幅反発。任天堂も、前場で⊕1・58％（終値⊕0・54σ）となり、デイトレードで利益を確定した。今後は、⊕2σに向かって上昇する可能性が高い。

3月11日（金曜日）

●始値5万8630円（5863円）
●終値5万8650円（5865円）

日経は㊀2・45％の大幅な低下となったが、任天堂は、ほぼ前日終値で推移した。デイトレードでは、利益を確定した。一応、ゴールデンクロスとなっているので、㊉2σの6万円まで、上昇してくれることを期待している。

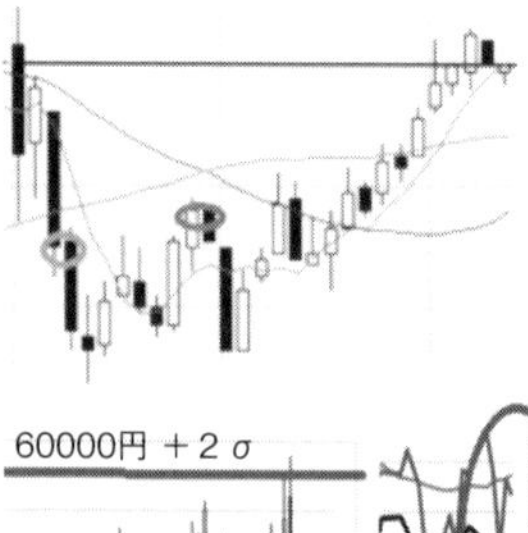

3月14日（月曜日）

●始値5万9140円（5914円）　●終値5万8210円（5821円）

日経は㊉145円（㊉0・58％）だったが、任天堂は、朝高後に下落。㊀0・75％（終値㊉0・07σ）となった。デイトレードで利益を確定したが、400株を、㊉0・76σで持ち越した。本日は、出来高が36万株と薄商いで、安値引けとなった。

3月15日（火曜日）

●始値5万7780円（5778円）
●終値5万7450円（5745円）

日経は続伸したが、任天堂は、続落して調整が続いている。手持ち400株は⊕0・83σで保留。デイトレードで利益は確定した。

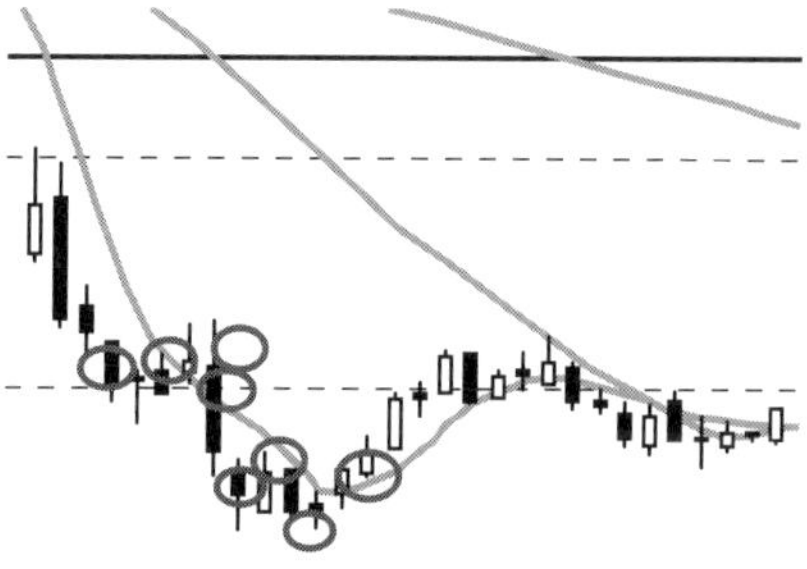

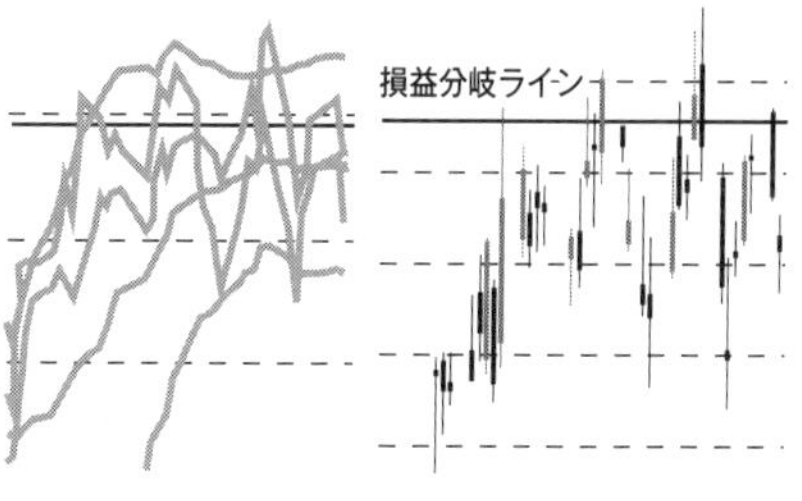

3月16日（水曜日）

●始値5万8330円（5833円）　●終値5万9820円（5982円）

任天堂は、大幅反発（⊕2370円、⊕4・13%）。午前終値で、⊕1・94σと6万円を回復した。⊕2σまで上昇したので、今後、バンドウォークしてくれることを期待する。手持ちの400株は、すべて清算して利益を確定した。

3月17日（木曜日）

●始値6万620円（6062円）　●終値6万950円（6095円）

日経は、急反発（⊕2・98％）で、前場終値は2万6529円。任天堂も、続伸し（⊕1・74％）、バンドウォークして上昇。前場終値は⊕2・42σとなった。ボックス相場であるが、ボリンジャーバンドの振幅が開き始めているので、3月中に大きな波が来る可能性がある。デイトレードで、利益を確定した。

3月18日（金曜日）

●始値6万950円（6095円）　●終値6万940円（6094円）

日経は⊕0・62％と続伸したが、任天堂は朝高の後、変わらず終了。朝の買いを逃したので、途中で参加したが、利益は少しであった。ただし、バンドウォークは続いているので、3月一杯は、強気でいく。終値⊕2・04σ。配当を受け取ってから、売っても良い。

３月22日（火曜日）

●始値６万１７９０円（６１７９円）
●終値６万１８７０円（６１８７円）

日経は、６日続伸。任天堂も、バンドウォークが、続いている。デイトレードで、利益を確定した。証券会社が目標株価を上げて、増配となっているので、少なくとも、３月一杯は上昇が続くと思われる。円安も強くなっており、為替差益が決算に見込まれるので、買いポジションは維持する。ボリンジャーバンドの振幅が、３ヶ月ぶりに拡大してきている。前回は⊕７７００円程度上昇しているので、今回に換算すると、目標株価は、６万３５００円前後となる。

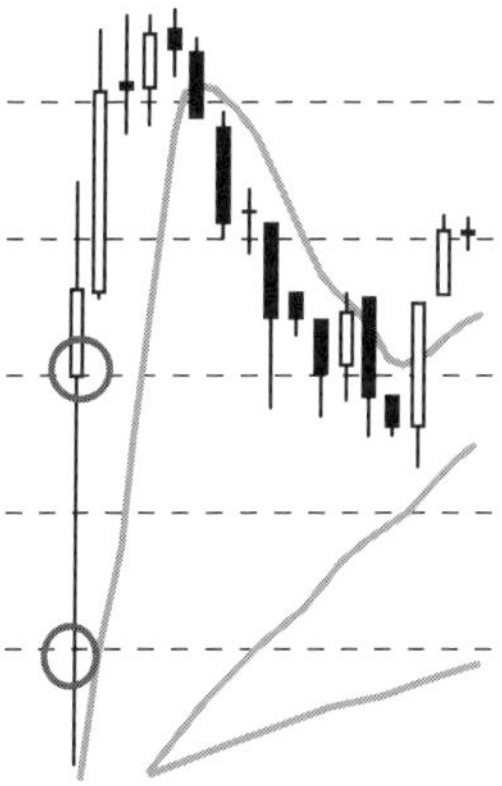

ボリンジャーバンドの振動

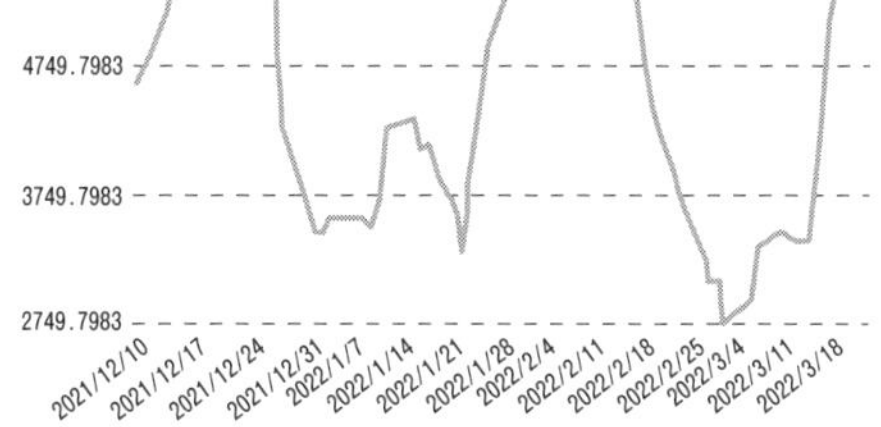

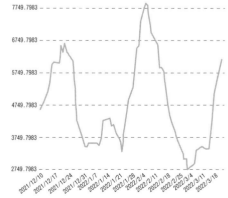

3月23日（水曜日）

●始値6万3180円（6318円）
●終値6万3890円（6389円）

寄り付きからストップ高気配であった。窓を開けて（株式相場の急変を示すサイン）上昇した。目標株価の6万3500円を超えた。デイトレードで利益を確保。前場終値で、⊕2・53σ（6万3700円）となり、4日連続のバンドウォークである。配当権利確定日まで、あと4日ある（それ以降は株式を売却しても配当金は受け取れる。ただし、配当金を受け取るためには、配当権利確定日の3営業日前までに株式を取得しておく必要がある）。

ボリンジャーバンドの振動

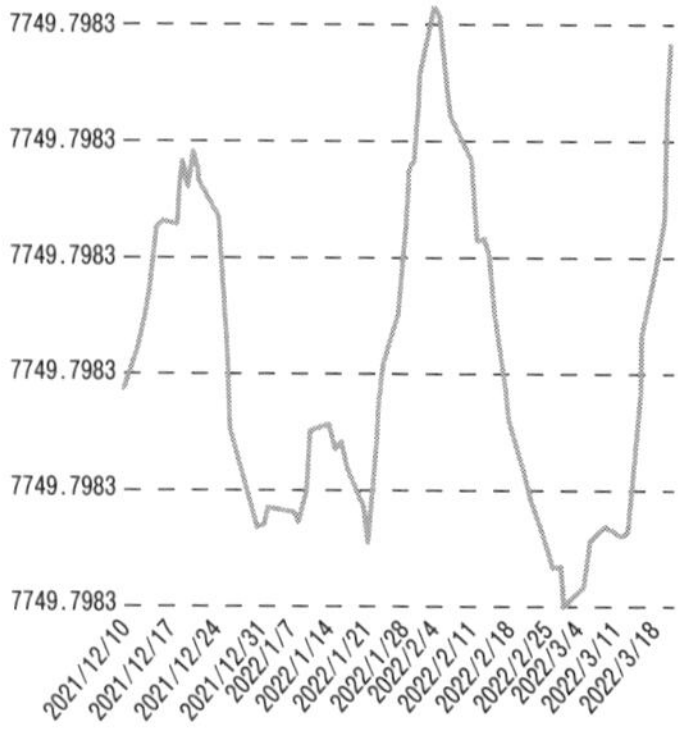

高値・安値・ボリンジャーバンド

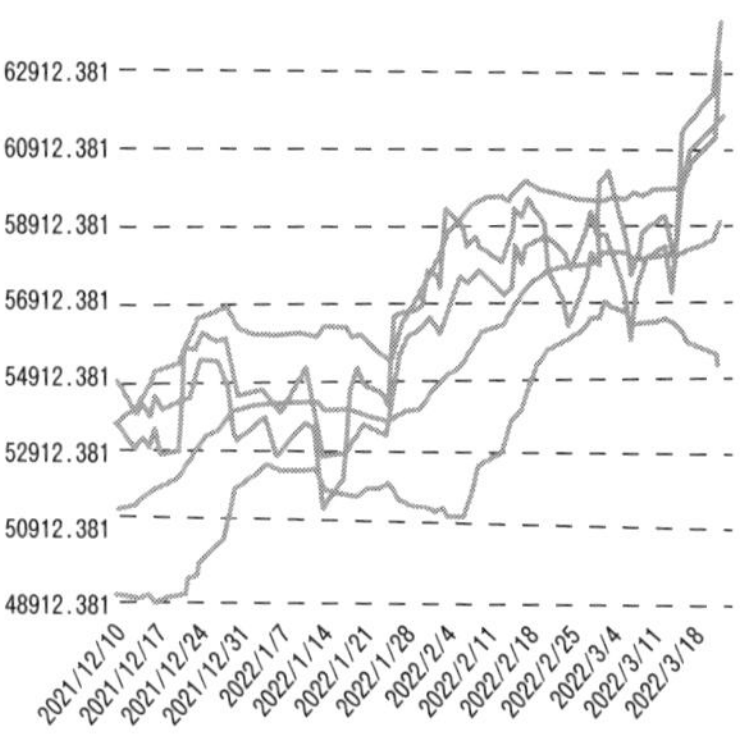

3月24日（木曜日）

●始値6万3980円（6398円）
●終値6万4700円（6470円）

日経は調整が入ったが、任天堂は続伸。⊕2σを超えてのバンドウォーク5日目である。29日の配当権利確定日までは、上昇すると思われる。デイトレードで利益を確定。円安が続いているので、為替差益が期待できる。

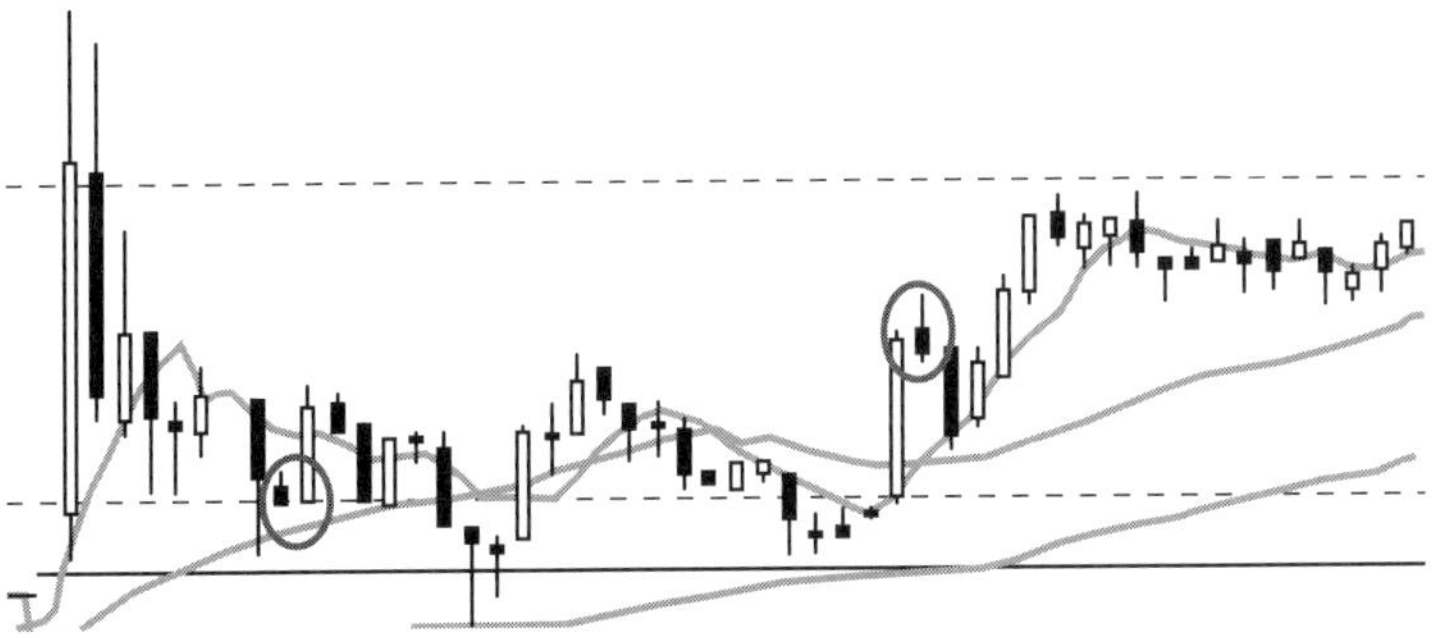

3月28日（月曜日）

●始値6万5780円（6578円）

●終値6万6070円（6607円）

デイトレードは、ほぼ変わりなしで終了。高値は⊕2σを超えており、バンドウォーク7日目である。明日は、配当の確定日である。4月からのトレードに、自信を持って臨みたい。過去の株価の動きを、チェックしておく。過去2年間は、4月に入ってから、調整が入り、5月の連休明けから、再上昇となっている。今年は、バンドウォークから、離れた時点のボックス相場から、調整に入るのを念頭に入れて、トレードをしていく。

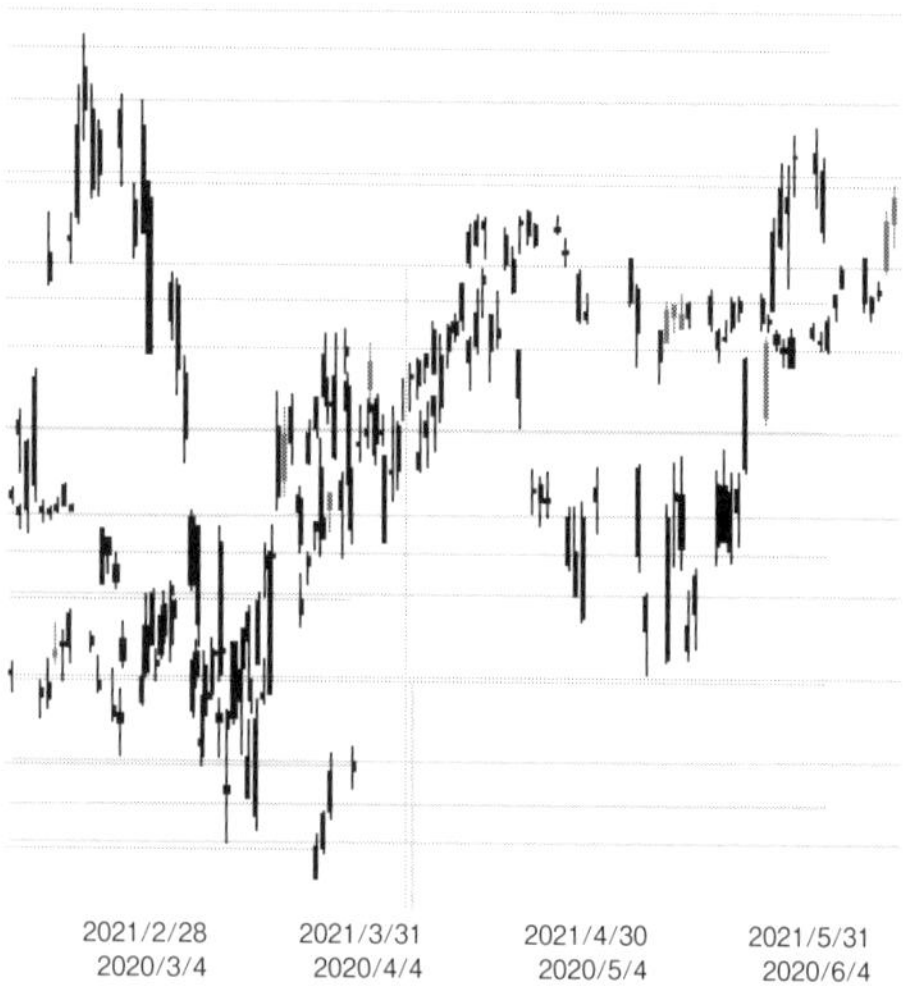

3月29日（火曜日）

●始値6万6450円（6645円）　●終値6万6990円（6699円）

配当権利確定日。午前で⊕1％の上昇となったが、⊕1・88σで売って、利益を確定した。高値が⊕2σを切ったので、今後は、売りポジションでボックス相場を考慮する。

3月30日（水曜日）

●始値6万4910円（6491円）　●終値6万3140円（6314円）

本日は仕事が忙しくて、株トレードはできなかった。

3月31日（木曜日）

●始値6万2860円（62286円）　●終値6万1670円（61677円）

売りポジションで入るも、耐えきれずに、少しの利益で確定してしまった。その後、大幅に下降して、大きな利益を逃した。もう少し、自信を持って行かないと、大魚を逃してしまう。

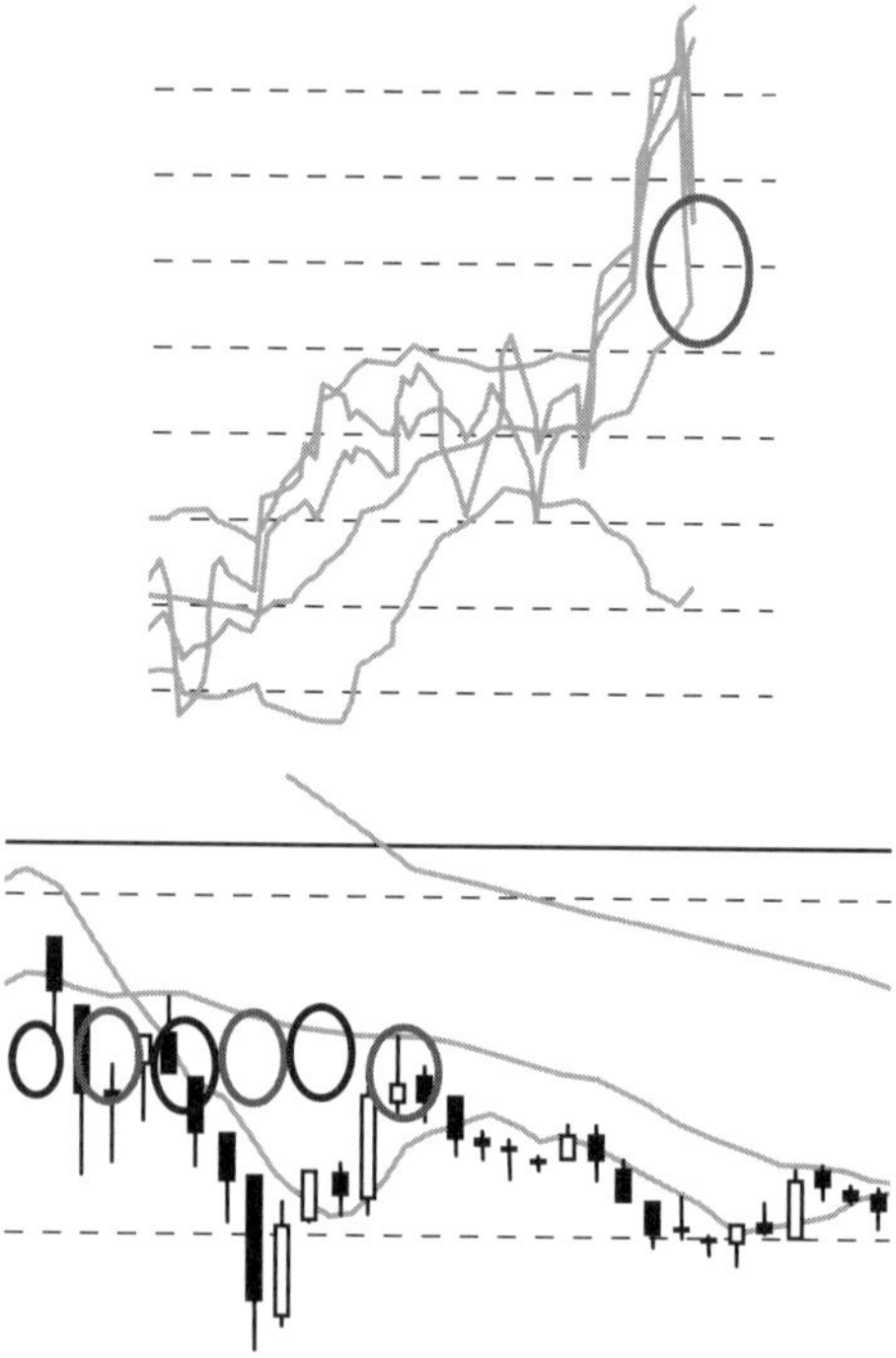

part 2

デイトレード必勝法

（基本編）

▼「日内変動」の法則性を見つけよ！

デイトレードでは、ほとんどの外部因子の影響を除外することが可能です。そのため数学的なアプローチが最も有効になります。株価変動の法則性を見つければ、感情に打ち勝って、安定した投資ができるようになります。1日の開始から終了までの取引における変動、いわゆる日内（にちない）変動に法則性があるのでしょうか？

株価が大きく変動した後は、株価は上昇・下降します。その割合は、「1／3、1／2、2／3、4／5」で、特に、2／3と4／5が多いといわれています。

たとえば、ある株価が300円ほど下落したとして、100円値を戻せば1／3戻し、200円なら2／3戻しといいます。

理論的には、**フィボナッチ数列**に準じていると考えられています（株式用語では、「フィボナッチ・リトレースメント」と呼ばれています）。

フィボナッチ数列は「隣り合う2つの数を合計すると次の数になる数列」です。具体的に書き並べていくと1、1、2、3、5、8、13、21、34、55……という数列に

$$Fn = \frac{1}{\sqrt{5}}\left\{\left(\frac{1+\sqrt{5}}{2}\right)^n - \left(\frac{1+\sqrt{5}}{2}\right)^n\right\}$$

↓

1.618で、黄金比率といいます

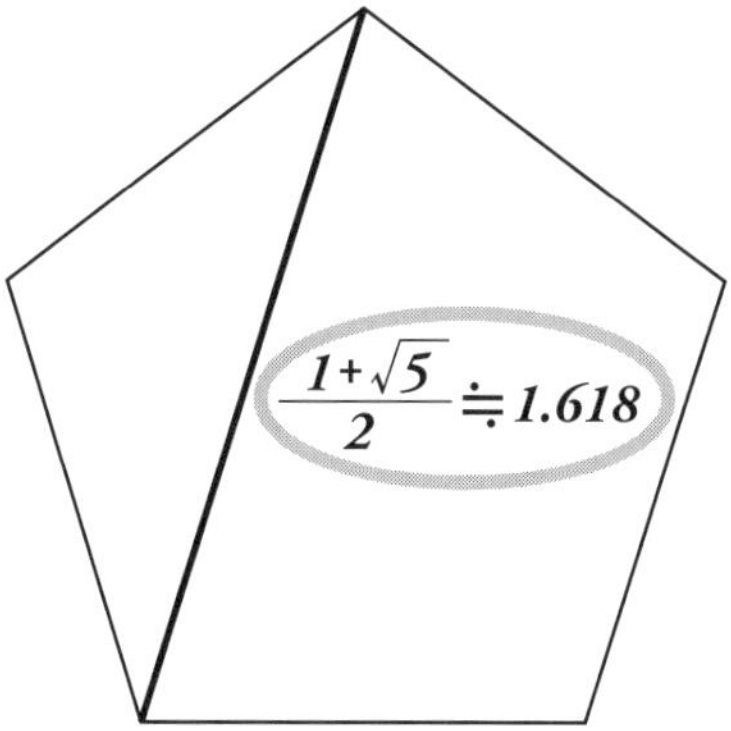

なります。どの数字も前の２つの数字を足したものです。

漸化式で表すと、$F1=1$、$F2=1$、自然数ｎに対して、$F_{n+2}=F_{n+1}+F_n$で定義される数列$\{F_n\}$ということになります。

フィボナッチ数列のｎ番目の数F_nは、ｎを用いた上の式で一般化することができます。

ちなみに、一番美しい長方形の縦横の比率は、黄金比といわれ、１：１・６１８といわれています。名刺やコミック本の縦横の比率にもなっています。また、アンモナイトの渦巻きや、ひまわりの種の並び方など、自然界には多く見られます。この1・618は、正五角形の一辺と対角線の長さの比でもあり、ミロのビーナスや、エジプトのピラミッドの底辺と高さ、パリの凱旋門の縦と横など、多くの建造物にも見られます。

フィボナッチ比率は、株取引でも見られることが知られています。つまり、株価変動には規則性があり、フィボナッチ数列になるといわれています。

変化に対するリターンの割合は、次のようなフィボナッチ数になると考えられています。

レンジ相場（ボックス相場）の場合は、0・382、0・5、0・618、0・786

トレンド相場（ボラタイル　ブレイクアウト）の場合は、1・272、1・618

つまり、天井売りでも、底値買いでも、株価の上昇・下降にかかわらず、テクニカルには、同じ程度の日内変動があることがわかりました。日内変動を基にしたデイトレードが、安定した投資を行う上で、極めて有効であることを示しています。

それでは、実際に、任天堂の3年6ヶ月間（2018年5月1日〜21年10月29日）の動きを分析して、1日の株価変動に、どのような関係があるか検証しましょう。

1日の変動が上昇の場合（始値より終値が高い〈陽線〉）は、417回で49・2％であり、下降の場合（始値より終値が低い〈陰線〉）は、430回で50・8％と、ほぼ拮抗していました。それでは、実際に、上昇・下降した後の変化は、どうなっているのかを分析してみます。大きく変化した後の戻りは、フィボナッチ数に準じるとされますが、そのような変化が日内変動で見られるのでしょうか？

▼高値での空売りは、リスクの割にはリターンが小さい！

寄りから上昇（陽線）した場合、その後はどうなるかを見てみます。上昇率と戻し（高値からの下降率）の関連は、82ページの図のようになります。縦軸が戻しの割合で、横軸が値幅です。大きく変動して上昇した場合（値幅1500円以上の上昇）では、戻りの率は低くなります。良くて50％の低下です。ほとんど（90％）が、1／3

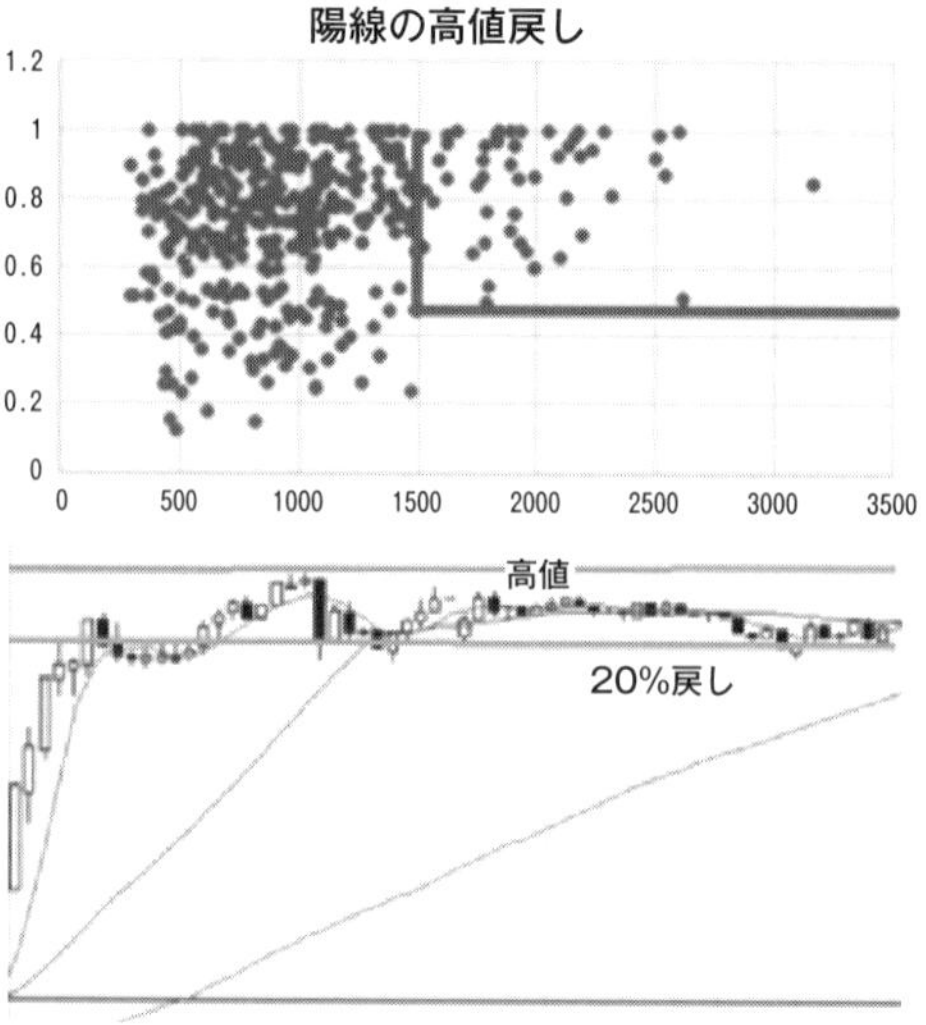

戻し以内です。

つまり、大きく上昇した場合（値幅1500円以上での上昇）における、高値での空売りは、リスクの割には、リターンが小さいので、やめた方が良いことがわかります。逆に、高値から50％以上低下したときには、押し目買いのチャンスとなります。

「陽線時の高値からの戻り」の量的データの分布を示すヒストグラムと、数値化したものを表にしました。

そこからいえることは、勝率90％以

陽線時の高値からの戻り（度数分布）

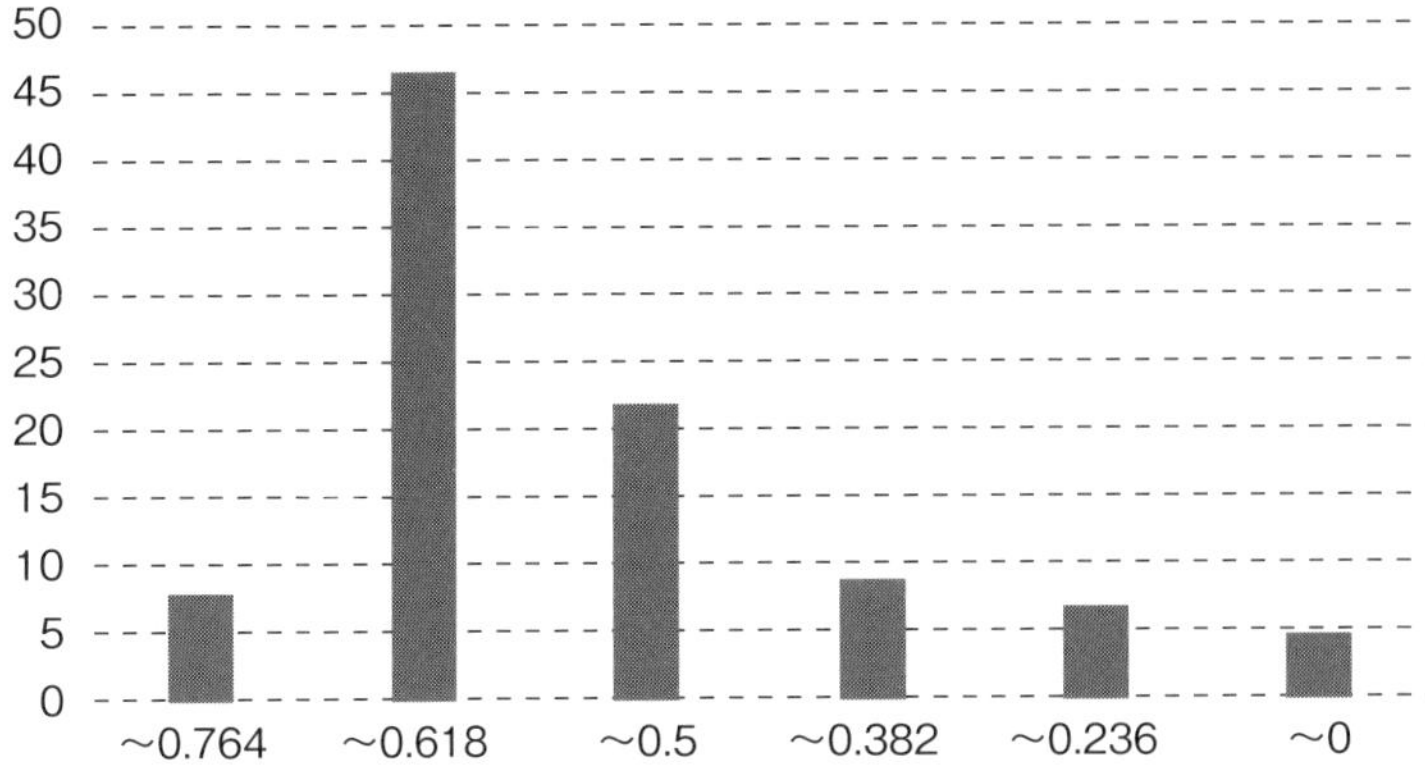

値幅別の戻しの累積数（%）

	全体	1500>	1500－1000	1000－500	500>	
~0.764	8	15	7	7	7	①
~0.618	55	75	57	53	34	
~0.5	77	92	80	76	58	
~0.382	86	98	85	86	75	
~0.236	93	99	93	92	87	②
~0	98		100	99	94	

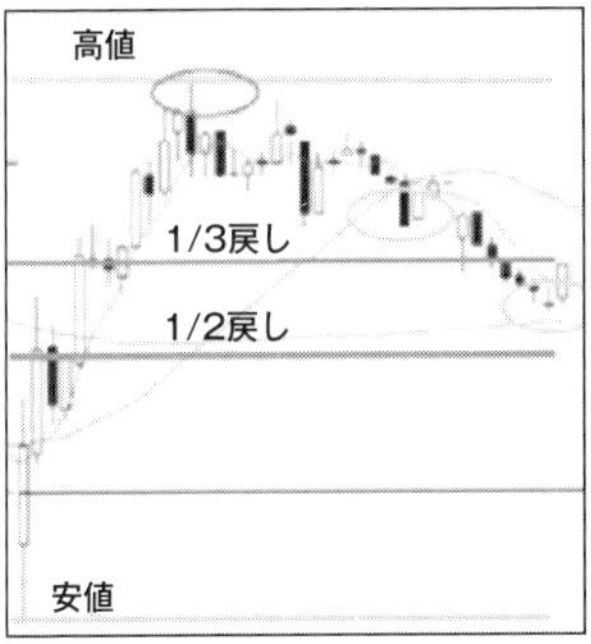

空売りゾーン

反対売買ゾーン

押し目買いゾーン

上とするには、値幅が１５００円以内のときは、４／５戻し以上での空売り（83ページの図の①線より上の部分）、１５００円～５００円では１／３戻し、５００円以下では１／５戻し以下での押し目買い（83ページの図の②線より下の部分）となります。

そして反対売買は、値幅が１５００円～５００円では２／３戻し、５００円以下では１／２戻しのあたりが、50％の確率で約定となります。

▼陰線時の押し目買いは、底値買いが鉄則

寄りから下降（陰線）した場合、その後はどうなるかを見てみます。下降率と戻し（安値からの上昇率）の関連を示すヒストグラムは、左図のようになります。縦軸が戻しの割合で、横軸が値幅です。

やはり、大きく下降した場合、戻りは弱い傾向がありますが、50％以上戻っている場合もあります。

90％の勝率を求めるなら、陰線時の押し目買いは、ほぼ底値で買わなければいけま

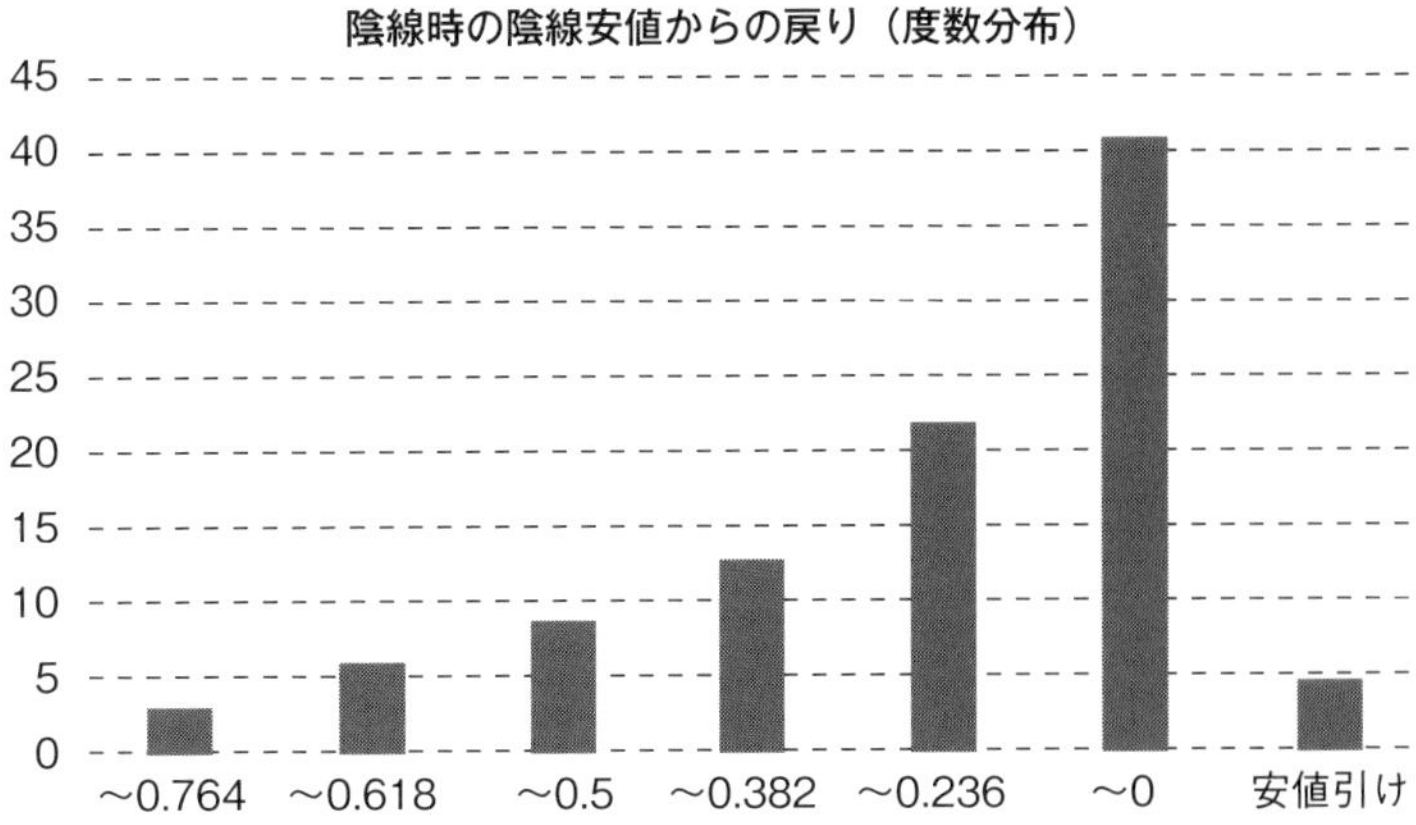

値幅別の戻しの累積数（%）

	全体	＜－1500	－1500～－1000	－1000－～－500	－500＜	
～0.764	99	100	100	100	100	
～0.618	96	97	99	95	100	
～0.5	90	92	94	88	93	
～0.382	81	89	83	78	90	①
～0.236	68	73	72	66	62	
～0	46	54	49	44	34	②
安値引け	5	8	5	4	3	

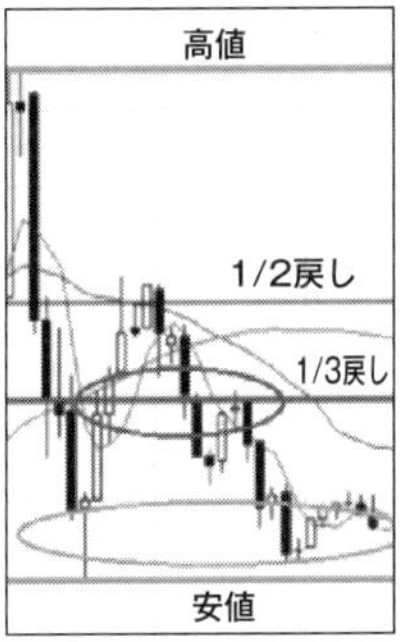

戻り売りゾーン

押し目買いゾーン

せん。押し目買いは、２番底、３番底もある可能性があるので、底値が明らかで、よほど自信があるときのみにした方が良さそうです。そのときには、反対売りは、１／５戻しが安全です。

逆に１／２戻しまで来たときには、戻り売りのチャンスと思われます。そして、反対買いは、１／５戻しで清算するのが無難のようです。

▼「陽線・陰線反転」――安値引け・高値引けのパターン

一日の中で、陽線が陰線に、陰線が陽線に反転することがあります。この場合は、下降・上昇のエネルギーが特に強いので、安値引け・高値引けになりやすいことを知っておくべきです。

たとえば、２０２１年９月29日の任天堂の１日の株価の動き（始値５万２７１０円終値５万３２３０円）です。

前日は米国金利の上昇で、ダウ、ナスダックともに大幅な低下。同時に、売りが先行

値幅別の戻しの累積数（%）

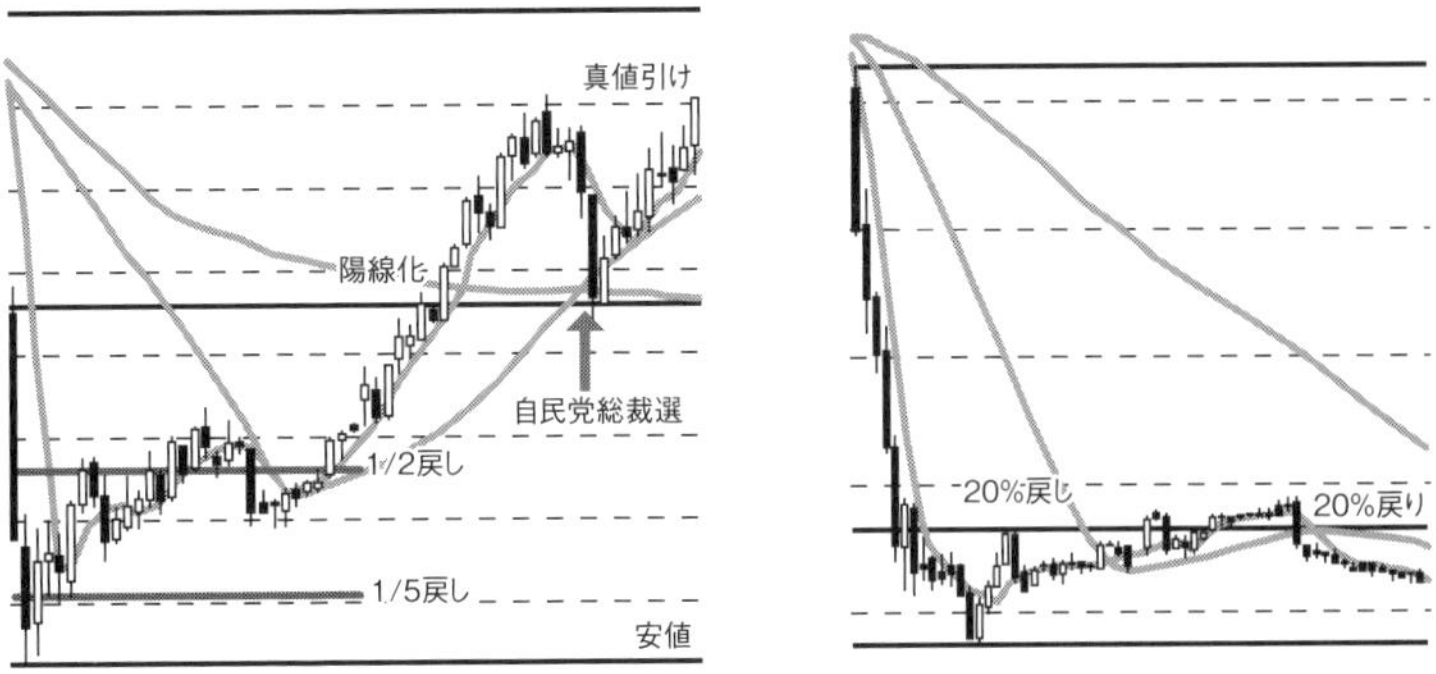

することが多い中間配当の権利落ち日（前営業日で配当金の権利は確定）とも重なり、日経は600円以上の下降で、3万円を切って取引を終えています。そしてこの日は、不確定要素として、午後から、自民党総裁選挙の結果が出ることになっていました。

任天堂も予想通りに、寄り付きから1000円以上の低下となりました。このような場合の取引としては、通常、図右のように、底値で買って、1／5戻しで反対売買するのが、常道と思われます。実際は、図左のように1／5戻しを超えて上昇してきました。次は、1／2戻しで、戻り売りをするのがセオリーとなり、90％の勝率と思われます。

実際、チャートを見ると、このラインで2回の攻防がありました。しかし、午後から、このラインも超えて上昇してきたので、この時点で、陽線に反転する確率が高いと判断できます。結果として、この後も上昇を続け、一時、自民党総裁選の影響で下降しましたが、陽線化して、高値引けで終了しました。陽線が陰線化した場合も、同様に、安値引けすることが認められています。

▼ゴールデンタイムの売買は丁半博打！

株式取引開始の9時から9時10分まで、いわゆる寄りからの10分間は、株価が乱高下することが多い時間帯です。出来高が最も多く、投資家の思惑が交錯する時間帯といえるでしょう。寄り付きで買った場合、終値で上昇する確率は50％。勝つこともあるでしょうが、丁半博打と同じと考えて良いと思います。デイトレードをする場合は、このゴールデンタイムの売買には、注意が必要です。

前日のダウ、ナスダック、日経先物、ＰＴＳ（私設市場）、ＡＤＲ（米国預託証券）

などから判断して、寄りから売買に参加したくなります。寄り前の板を見て、指し値をしたくなります。しかし、絶対に、寄り付きから、売買に参加してはいけません。予想と反対に動いたときに、デイトレードの重しになります。寄りから、出来高は指数関数的に減少していきます。そのときを待ってから、日内変動の法則性に沿って、売買を行うことです。

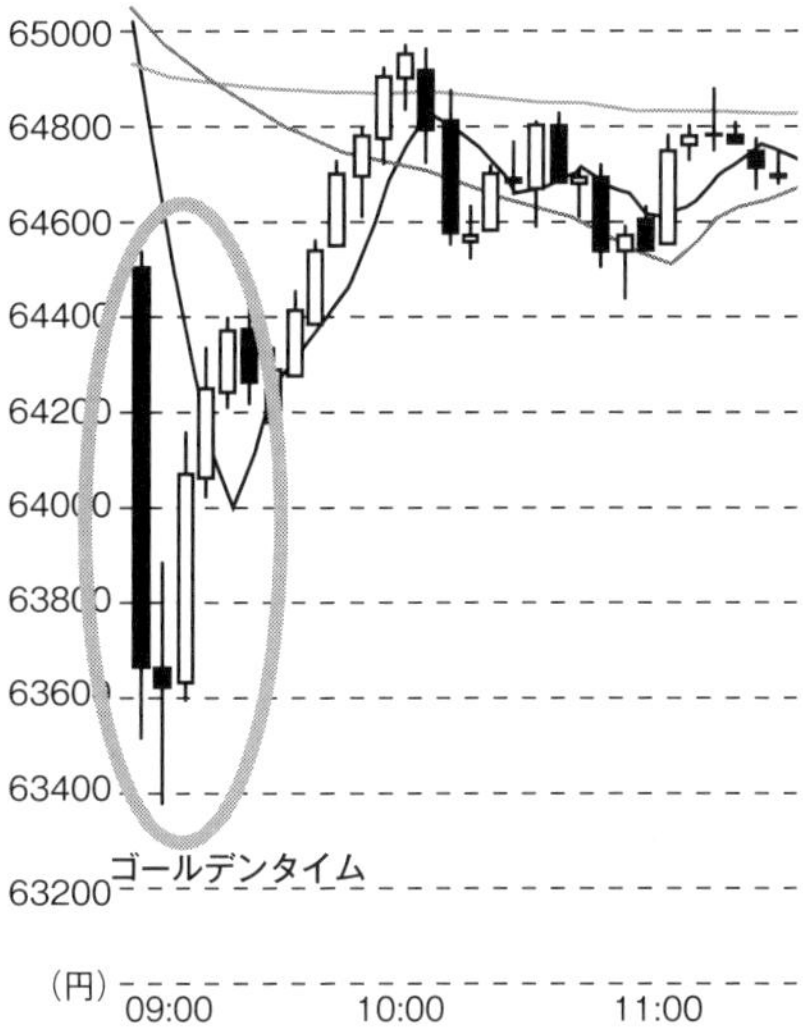

出来高の日内変動

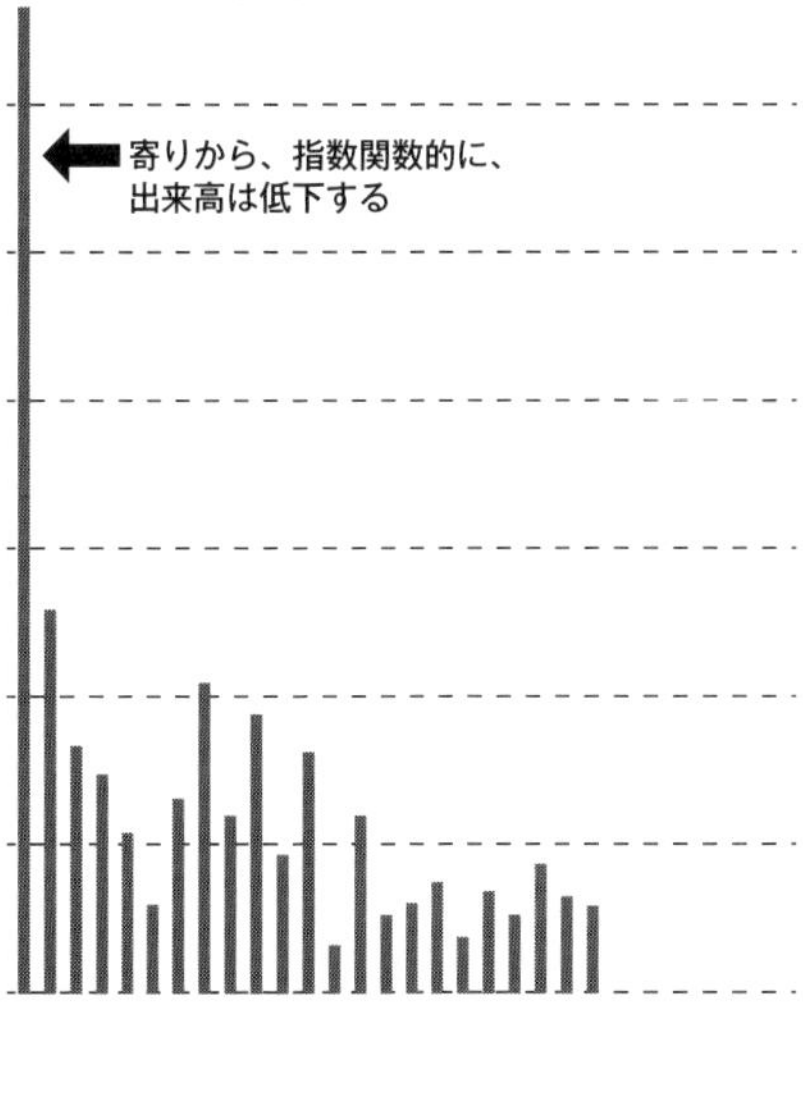

▼底値割れに注意！

よく陥る失敗に、底値割れがあります。底値と思って購入し、その後の反発を期待したのに、さらに株価が下落することです。

図は、2021年10月20日の任天堂の株価の推移（始値5万1430円　終値5万300円）です。寄り付きから下降して、底値で押し目買い、20％戻しでの利益確定を繰り返しました。その後、底を抜けて低下してきました。私は、午前の引けで売って、損失を確定しましたが、底が抜けたときには、押し目買いをしてはいけません。2番底が確定するまでは、むしろリスクヘッジのために空売りをすべきです。午後から、2番底で買って、1日のトータルはプラスになりましたが、このことは教訓として覚えておかなければなりません。

底値割れの対応

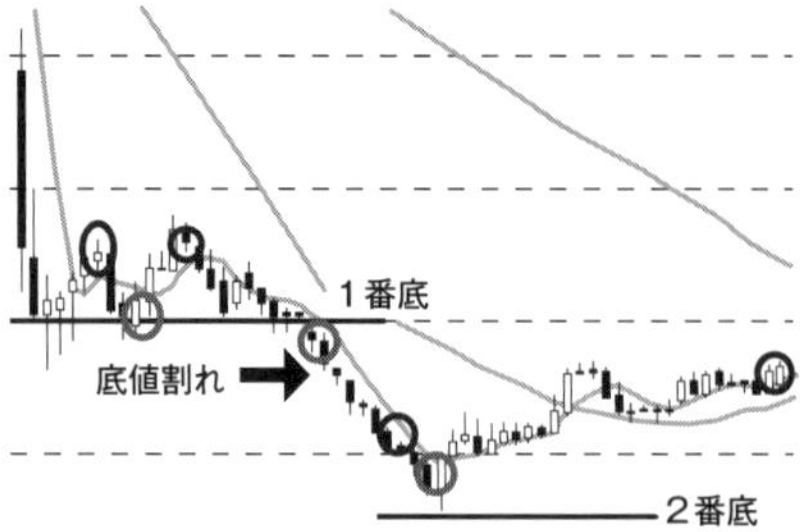

▼指し値の複数化が鉄則！

指し値が10円足りずに約定できなかった、ということを経験した方は多くいると思います。多くは欲を出して、もう少し高く（あるいは安く）と、指し値を変更している間に、約定を逃すというものです。

このように、１０００円なら１０００円と指し値を1ポイントのみにすると、約定できない場合があります。たとえば、９００円や１１００円も加えて3ポイント程度に分散して、複数指し値をすると有効です（つまり、１／3戻し、１／5戻し、その中間と、複数ポイントで指し値をする方法です）。

実際に3ポイントの押し目買いを行い、反対売買終了後に、また3ポイントの押し目買いを行い、反対売買が約定後に、さらに1回の取引を行っています。1日で7回の売買を行い、変動幅の少ない中、利益を確定しています。

底値だと思っていたのが、2番底をつける場合があります。そこで、もう一度押し目買いをする必要が出てきます。資金は分散して、保持しておくことが重要です。

▼「反対売買付き注文」と「逆指し値注文」

反対売買付き注文と逆指し値注文は、頻繁に使用している株取引の有効な手段です。私は、株のトレードが仕事ではありませんので、本業を行う時間が必要です。そのときには、反対売買付きの注文をしておくと便利です。

たとえば、株が下降しているときに、1／5戻しで買い注文を入れて、同時に1／3戻しで反対売買（売り）の注文を出しておきます。買い注文が約定されたときには、自動的に売り注文が出されます。この方法が便利なのは、パソコンの前に張り付いていなくて良いのと、株価が急激に変動したときにも、自動的に瞬時に対処できることです。

もう一つの逆指し値注文も有効な方法です。たとえば、急激な上昇・下降の後に、ボックス相場（株価が一定の範囲内で上下する状態）となることがよくあります。

このときの予想底値（図A点）で買い注文を出し、予想高値（図B点）で売り注文を繰り返しますが、1回目の反対売買がなされてから、新たな買い注文を出すことが

「反対売買付き注文」「逆指し値注文」

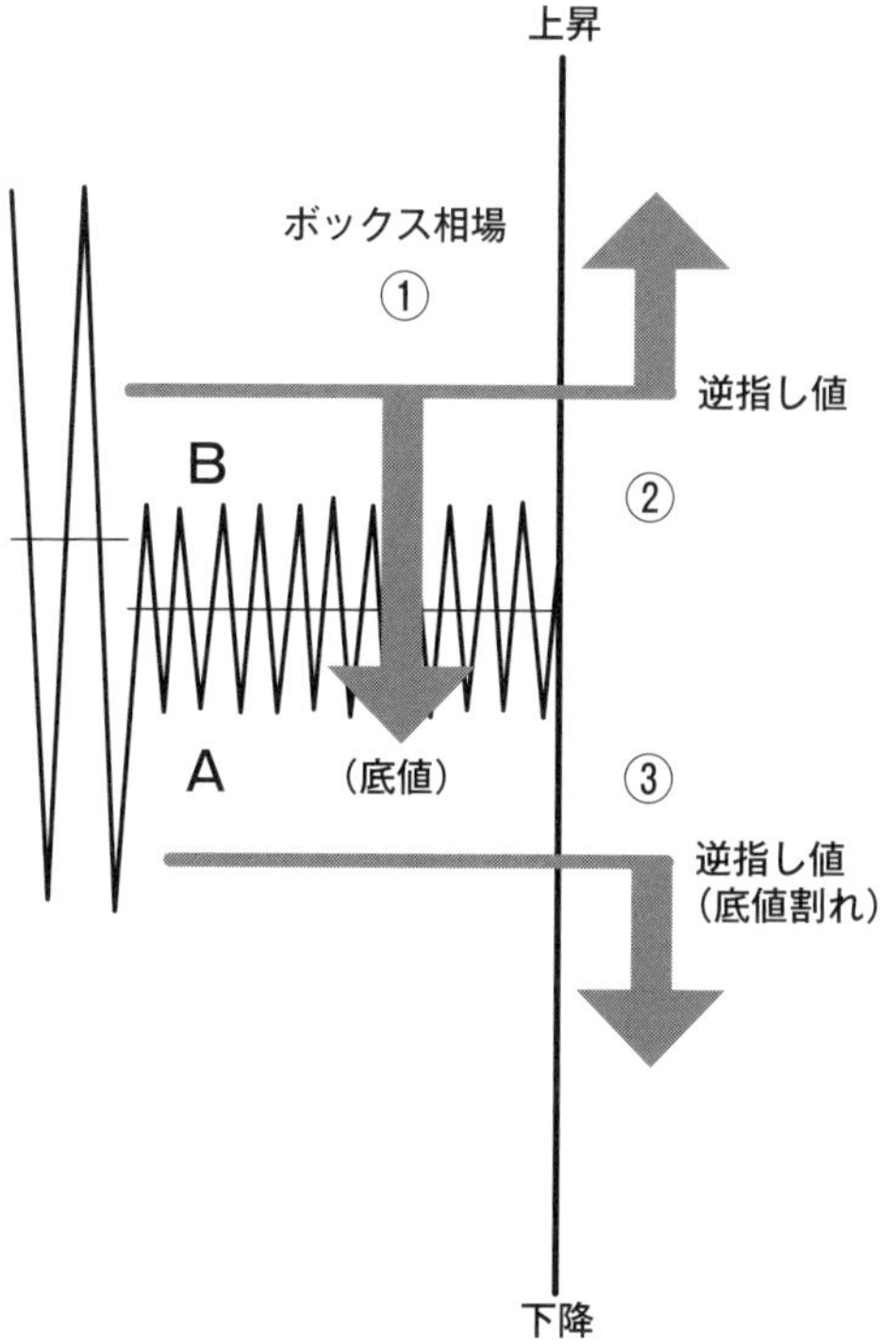

できます。つまり、2回目の注文は、逆指し値を1回目の売り注文より高く設定していれば、1回目の注文が約定された後に、確実に2回目の買い注文がされるわけです。また、ボックス相場が終了した後に、急上昇、急下降することがあります。逆指し値の順張り（93ページの図②③）をしておけば、対応することができます。特に、底値割れしたときなどには、リスクヘッジにもなります。

3番目の逆指し値の使い方は、含み益のあるときに、損益分岐ラインの少し上で、逆指し値をしておくことです。急激に値を崩した場合などに、含み損になるのを避けることができます。

▼インジケーター（時系列表示）でリアルタイムにデータを確認

デイトレードでは、反対注文を必ず入れることが原則です。そのためにも、情報分析で参考にするデータは、グラフや数値として画面表示すべきです。視認性が増します。特に、インジケーターとして、リアルタイムで確認できるようにしておくと、ト

株価情報のエクセルへの取り込み

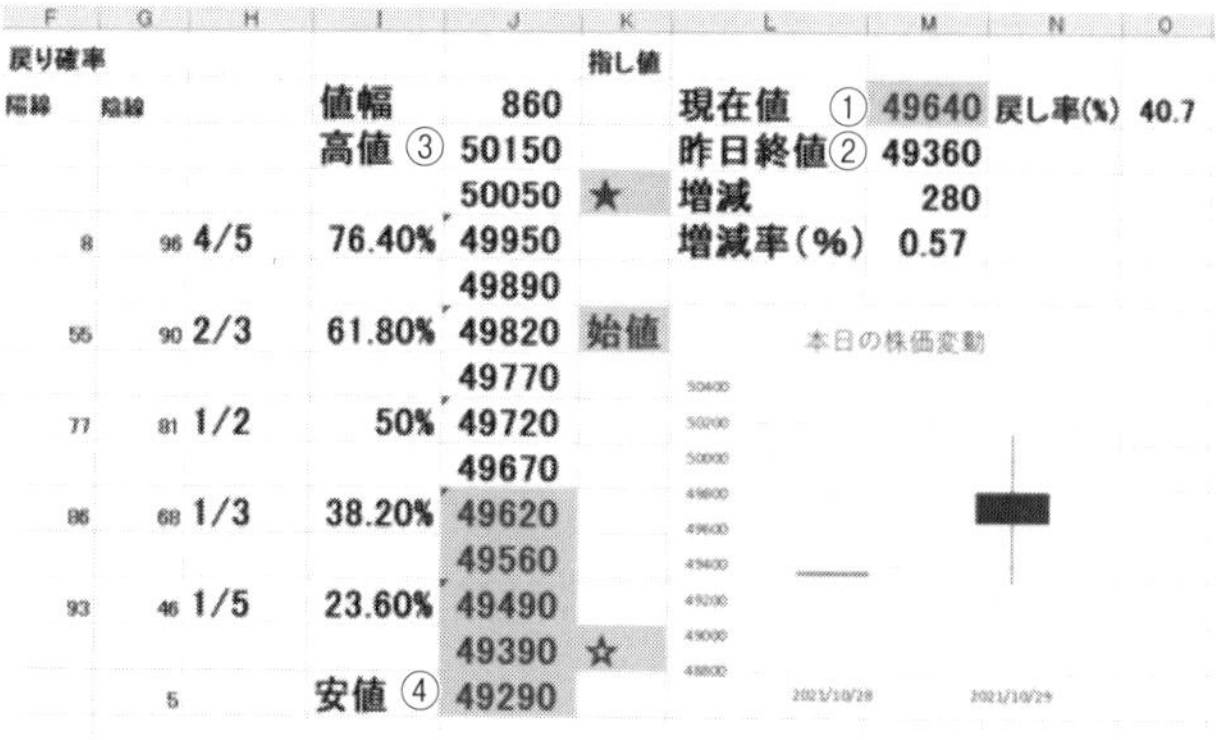

F	G	H	I	J	K	L	M	N	O
戻り確率					指し値				
隔線	隔線		値幅	860		現在値	① 49640	戻し率(%)	40.7
			高値 ③	50150		昨日終値	② 49360		
				50050	★	増減	280		
8	96	4/5	76.40%	49950		増減率(%)	0.57		
				49890					
55	90	2/3	61.80%	49820	始値		本日の株価変動		
				49770					
77	81	1/2	50%	49720					
				49670					
86	68	1/3	38.20%	49620					
				49560					
93	46	1/5	23.60%	49490					
				49390	☆				
	5		安値 ④	49290					

レードをストレスなく行うことができます。

私は、楽天証券を使用していますので、おもだった株価は、ＲＳＳ関数（楽天証券から提供されています）で、エクセルに取り込み、二次利用しています。

たとえば、任天堂のリアルタイム価格は４万９６４０円（①）です。前日の終値が４万９３６０円（②）だったので、２８０円高（＋０・57％）です。

本日の現在までの高値（③）と安値（④）の値幅は８６０円。現在値（①）と最安値（④）の差は３５０円。８６０円に対して３５０円ほど戻しているから、戻し率は40・７％であることがわかります。

現在値が、どこの位置にあるかは、図に示された棒の高さ（実際は赤い棒）でわかるようにしています。現在値が、それぞれの値より高くなれば色を変えるように、エクセルで設定しているだけですが、わかりやすくなります。

最大の眼目は、戻しの値を表示して、デイトレードでの売買の目安にすることです。たとえば、2／3戻しの値で、反対売買するとか、1／2戻しで、買い戻しをするなどの判断になります。現在値は、昨日終値より高ければ赤に、低ければ緑になるようにしています。

4万9390円（☆）で買い、5万0050円（★）で売り注文を出したことがわかります。

デイトレードの基本事項

デイトレード必勝法の基本をまとめてみました。

1　寄りで、見込み注文を入れない（寄りからの注文は博打）。
2　寄り後10分が仕込みどき（ゴールデンタイムを有効に）。
3　当たり前だが、大引けで必ず清算する。
4　注文は、値を段階的に入れるのが有効（約定を逃すな）。
5　反対注文を必ず入れること（インジケーターを参考にしよう）。
6　値を見て、指し値は常に変更すること（値幅からの戻り率は、リアルタイムで表示して、参考にする）。
7　底値割れに、対応すること（リスクヘッジ）。
8　デイトレードでは、外部の攪乱因子が少ないが、昼休みをはさんで、大きく動くことがある（昼休みにビッグニュースが、飛び込むこともある）。昼休み前に、一度清算すると安全。

part 3

デイトレード必勝法

（上級編）

▼短期の流れは「5日移動平均線」、中長期は「20日移動平均線」を参考に!

株取引で最も重要なことは、株価が上昇するか、下降するかを見定めることです。どのくらい上昇、下降するかを予測することに他なりません。デイトレードを行う前に、株価の動きがどうなっているかを把握することは、極めて重要です。

たとえれば、デイトレードが船を操縦するときに、潮の流れや天候を参考にすることだとすれば、株価トレンドを理解することは、海図を見て、自分の船がどこにいるかを確認することと同じです。

現在の株価が、上昇局面なのか、下降局面なのか、上昇から下降局面に移行しそうなのか、下降から上昇局面に変化しそうなのかを確認します。そして、このような株価のトレンドが、日内変動に影響を及ぼすのかを、分析することが重要です。株価のトレンドをチェックする方法はいくつかあります。最も簡単で、信頼が置ける方法を紹介しましょう。

私は、短期は5日移動平均線、中長期には20日移動平均線を参考にしています。上

長期トレンド

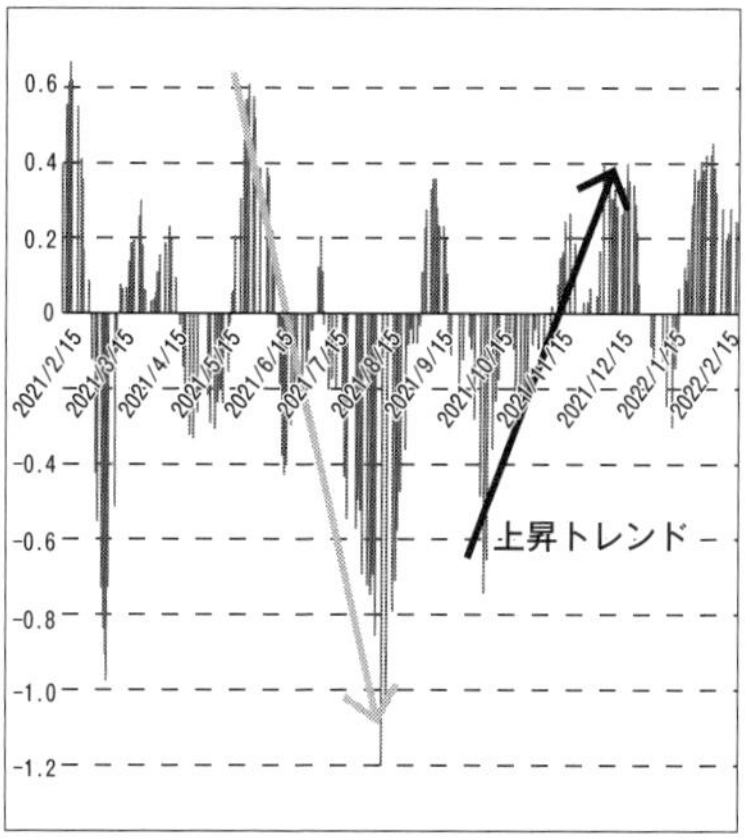

5-20日移動平均差

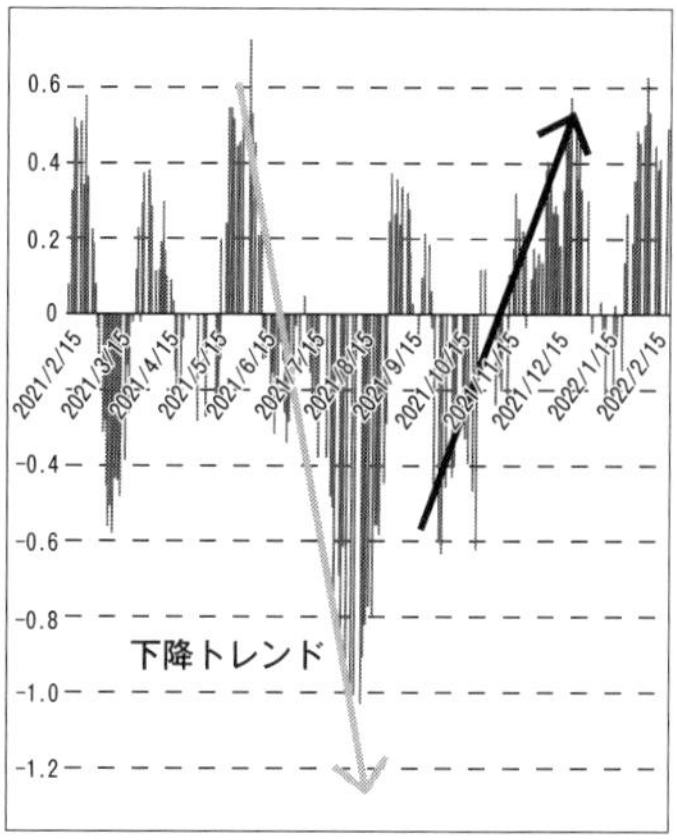

がり続けるトレンド相場（上昇トレンド）か、あるいは下がり続けるトレンド相場（下降トレンド）かは、移動平均線が上向きか、下向きかで判断できます。つまり、移動平均線の傾きが参考になります。

分析をしてみて、驚きました。20日移動平均線の傾き（図左）は、5日移動平均値と20日移動平均値の差（図右）と、ほとんど一致していました。

5日移動平均値と20日移動平均値の差は、ゴールデンクロスやデッドクロスを判断するために使用されます。つまり、移動平均線の傾きや5日移動平均値と20日移動平均値の差は、株価トレンドの指標として

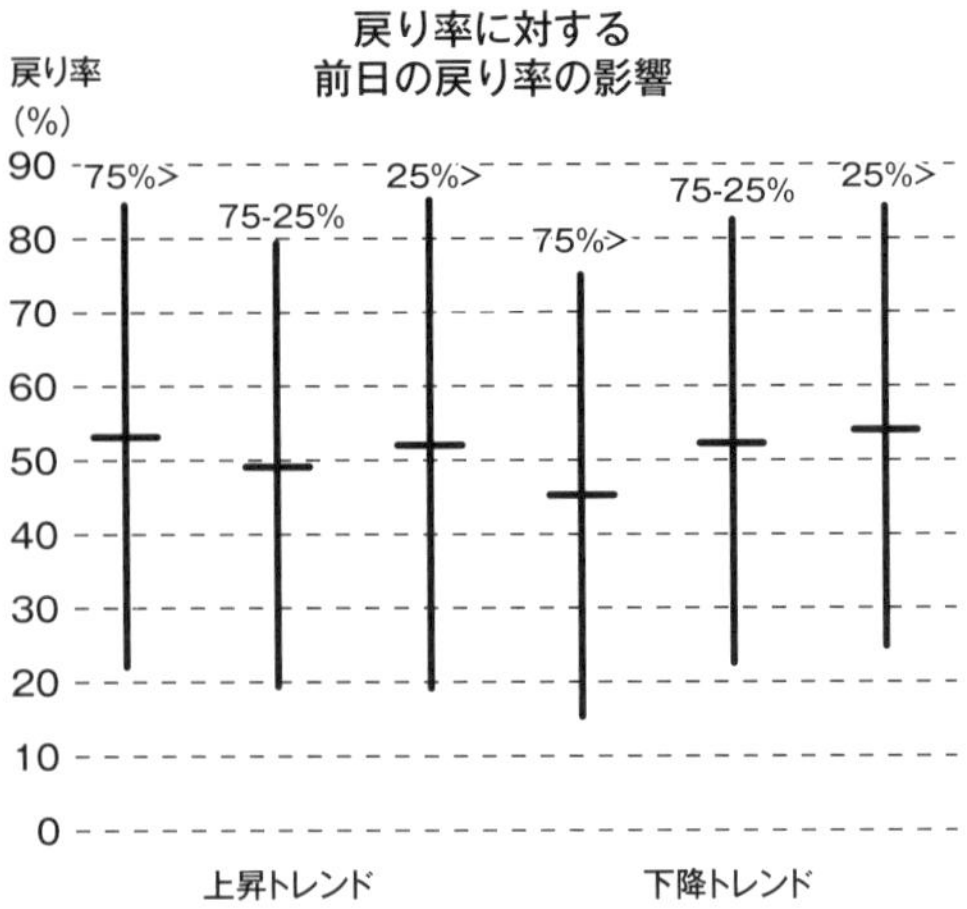

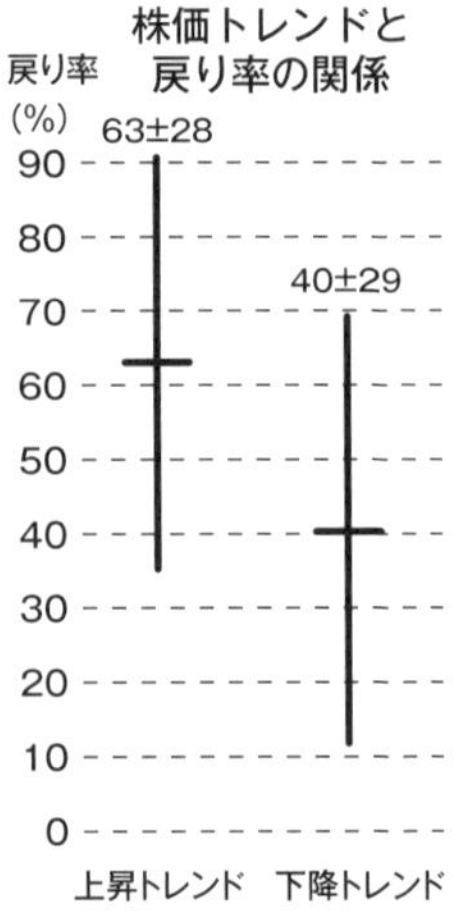

は、十分信頼できるものと考えられます。

それでは、これらの株価トレンドは、株価の日内変動に影響を与えているのかを検証します。４年間分（２０１８年～２０２１年）の任天堂の株価を基に分析します。上昇トレンドと下降トレンドで、戻り率が違うかを検証しました。

上昇トレンドでは、戻り率が、下降トレンドよりも、強いことがわかります。上昇トレンドでは、平均で戻り率が、60%を超えています（図右）。

それでは、前日の戻り率が翌日の戻り率

に影響するのかを調べてみます。高値引け（75％以上の戻り率）、中間（75〜25％戻り率）、安値引け（25％以下の戻り率）のときに、翌日はどうなったかを示します（図左）。

前日が高値引けでも、安値引けでも（上昇トレンドでも、下降トレンドでも）、翌日の戻り率には、影響していないことがわかりました。

結論として、株価の日内変動（戻り率）は、株価のトレンドに強く影響され、前日の高値引け・安値引けなどの戻し率には影響されていませんでした。このことから、上昇トレンドのときには、積極的に、底値を拾っていくことが肝心です。逆に、下降トレンドのときには、戻り売りを戦略の中心にすべきです。

▼株価のトレンドだけを参考にしても平均で300円は勝てる！

株価トレンドと陽線・陰線率との関係を検証します。横軸に株価トレンド（20日移動平均線の傾き）を、縦軸に、陽線・陰線率を図（105ページ）にしました。明らかな正の相関を認めます。つまり上昇トレンドになるほど陽線化率が上昇し、下降トレンドになるほど、陰線化率が拡大します。

実際に、上昇トレンドのときの陽線数（率）は、69％でした。また、下降トレンドのときの陰線数（率）も、同じく69％でした。

上昇トレンド時の陽線率は３２３±⃝６４３で、下降トレンドの陰線率は−⃝２９９±⃝６５６でした。

つまり、株価のトレンドだけを参考にして、寄り付きと大引けだけで売買しても、平均で１株３００円は勝てることになります。

寄り付きからの売買は、博打なので、行わないようにと基本編では、強調しました。しかし、株価のトレンドを加味することで、寄り付きからの売買の勝率を69％まで、高めることができることがわかりました。楽天証券では、反対売買注文に、値幅指定注文があります。寄り付きで注文して、値幅指定３００円で、反対注文を出すことができます。

株価トレンドと陽線・陰線率の関連

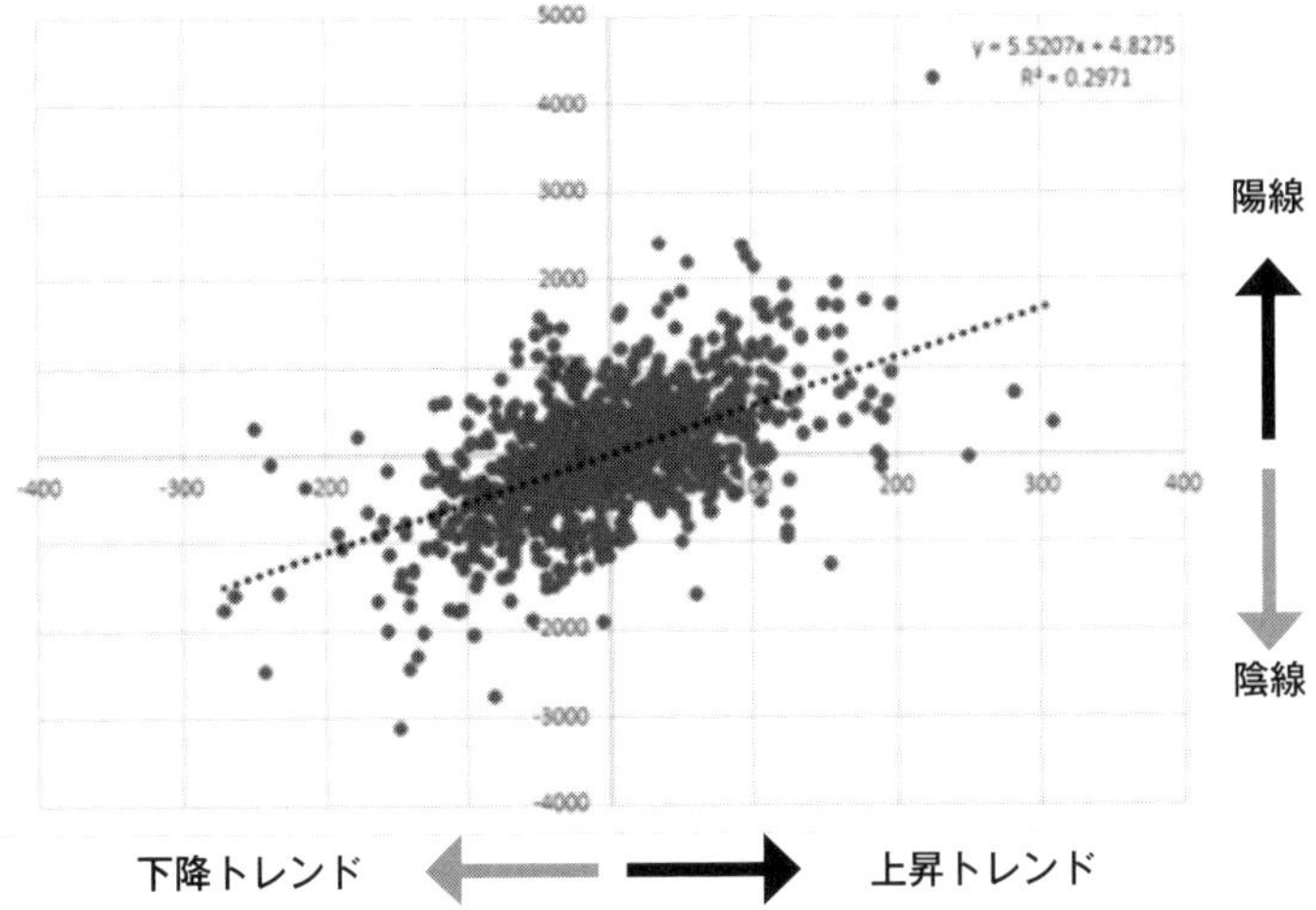

	陽線数（率）	陰線数（率）	計
上昇トレンド	328（69.6%）	143（30.8%）	471
下降トレンド	155（30.4%）	348（69.2%）	503

	陽線数	陰線数	計
上昇トレンド	611 ± 536	-338 ± 272	323 ± 643
下降トレンド	405 ± 335	-612 ± 502	-299 ± 656

▼ゴールデンタイム（寄りからの10分間）を深掘りする

寄りから上昇するか、下降するかは、確率は半々です。そのため、根拠も無く、寄り付きから売買はできません。しかし、寄りからの動きは大きく、この変動を上手につかむことは、デイトレードで利益を上げるうえで、大きなアドバンテージとなります。私が行っている方法は、寄りからの5分足を2つ見て判断することです。つまり、ゴールデンタイム（10分間）の動きのパターンに注目しています。寄りからの10分間とそれ以後の株価の推移には、明らかな関連が認められます。これを用いて、天井と底値を、推測していきます。

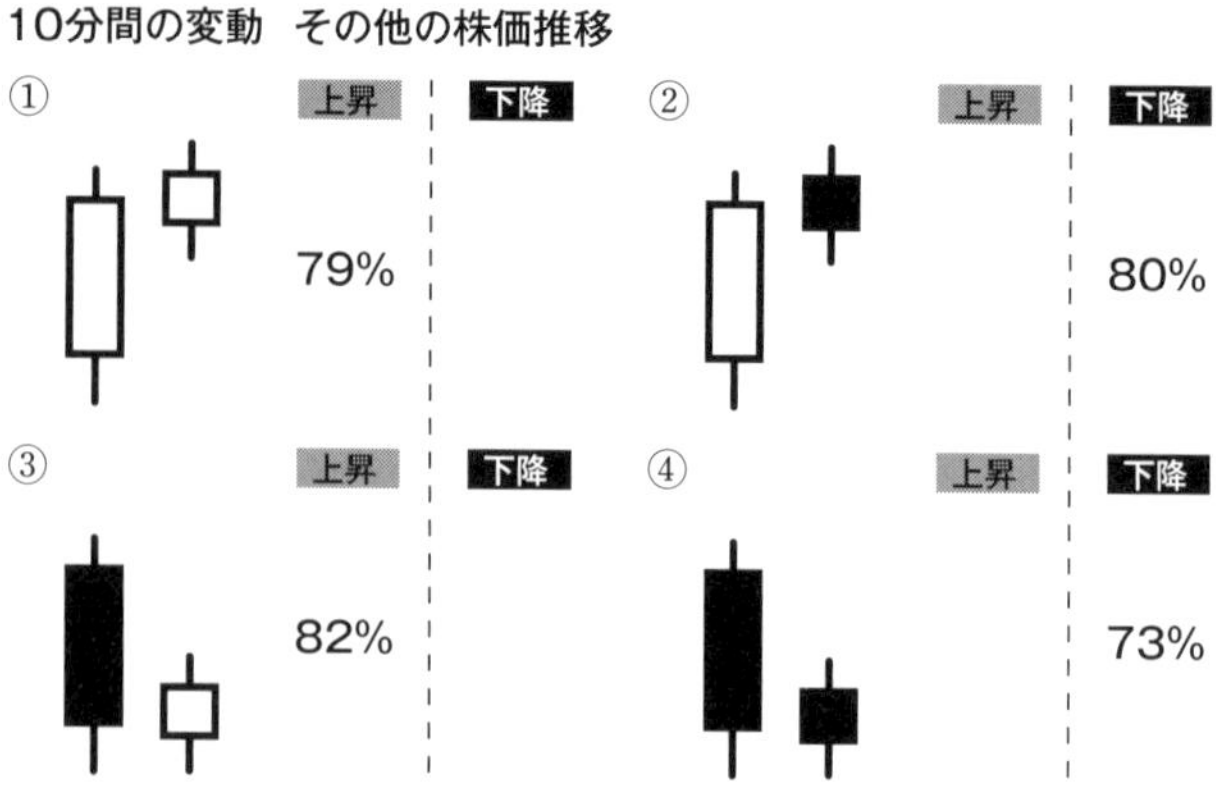

図の①は、まだ上昇する可能性があり、天井は先であると推測されます。
図の②は、ほぼ天井であり、反対売りが考慮されます。
図の③は、ほぼ底値と考えられるので、押し目買いが、考慮されます。
図の④は、まだ低下する可能性があり、底値は先と考えられます。

▼デイトレードのリスク管理――「予想外」にどのように対応するのか？

〈リスクヘッジの切り札（ドテン買いと売り）〉

株価が抵抗線や支持線にぶつかったとき、底値割れしたとき、寄りからの売買のときなど、予想と反対に大きく動いた場合は、迅速な対応が損失を最小にします。常に、ドテン買いや売りを、準備しておかなければなりません。

ドテンとは、売りなら売り、買いなら買いのポジションを決済し、反対のポジション建てにすることです。たとえば、買いのポジションを保有していたときは、決済した後すぐに売りのポジションに変えます。売りポジションから買いポジションに変える場合もあります。

ドテンまでいかなくても、ポジションを解消すること（損失を確定すること）が必要です。私は、迅速な対応として、倍の株数を反対売買して、リスク対応することがよくあります。その後、反転したのを確認してから、ドテンを解消します。

逆に、この間、保有銘柄の平均購入単価を下げようと買い増しする、いわゆるナンピン（難平）買いを続けるのは、最初の投資の損失を避けようとする本能によるものです。つまり、損失を確定できなかった結果として、損失をさらに拡大させるのです。採算ベースに乗らないことがわかっていながら、開発・就航を続け、結局は商業ベースに乗らずに事業が失敗した超音速旅客機に由来し、コンコルド効果とも呼ばれています。

それでは、寄り付きからの売買を例として、デイトレードでのリスク管理について考えてみましょう。

寄り付きからの30分は、最も出来高が多く、投資家の思惑が交錯する時間帯です。株価は、大きく動きます。予想通りにいく確率は、私の場合、50～70％位です。つま

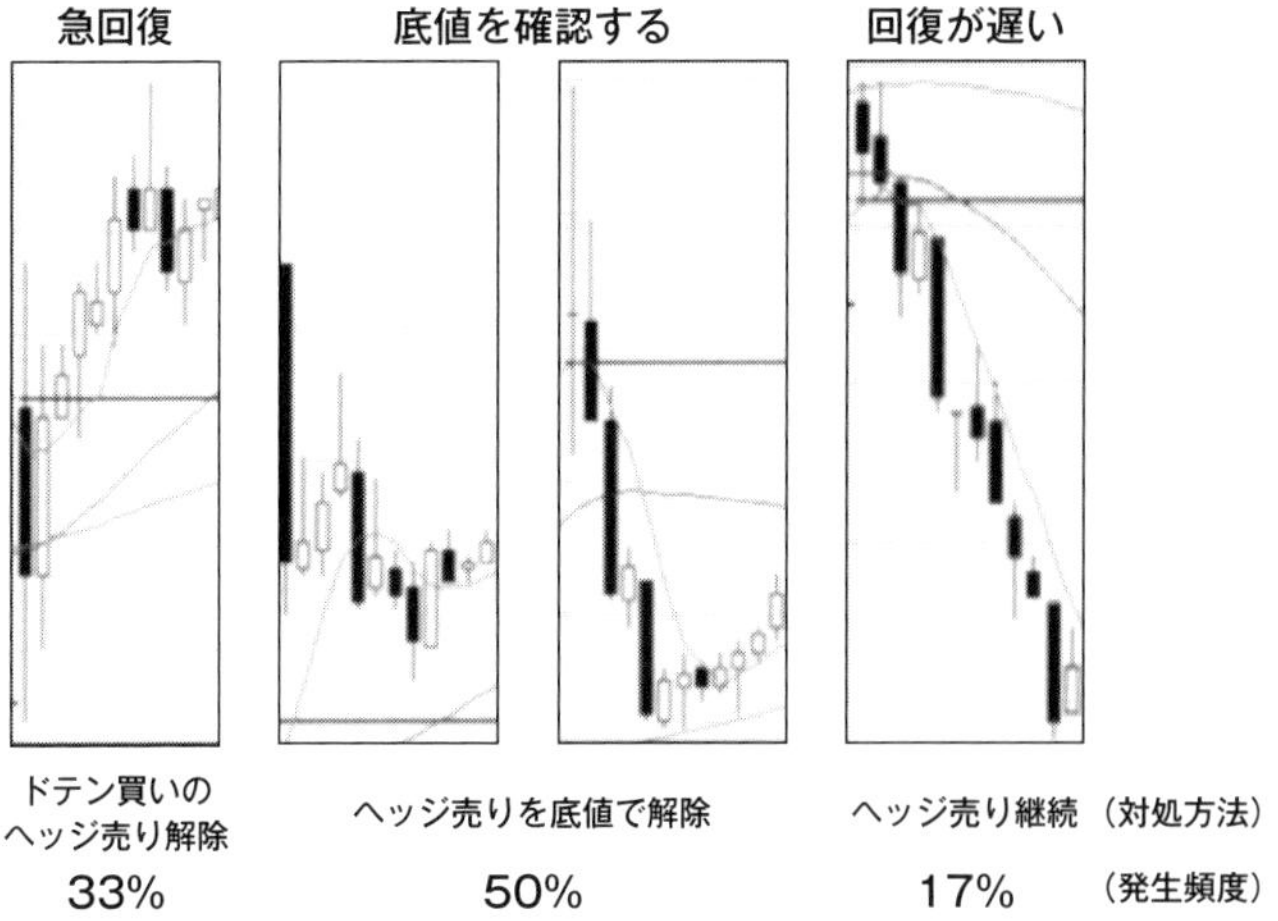

り、30～50％は外れます。想定外とはいえない程度ですが、想定通りにいかなかったときの対策として、どのようにしているかを、説明したいと思います。

寄り付きで買った後に、大きく下がってきたとします。そのときには、倍の株数を空売りします。ヘッジ売りともいいます。

そして、株価が下げ止まったと判断したときに、空売りを解消します。

想定外が起こったときに、迅速に対応することにより、損失を最小にするだけでなく、逆に、利益を出すこともできるのです。

▼ボリンジャーバンドの特性を再確認してみる

14ページなどでも触れたボリンジャーバンドについて、特性をより詳しく見ていきたいと思います。ボリンジャーバンド（±2σ）と移動平均線に対する株価の動きには、特徴があります。まずは、この特徴的な動きを理解していきましょう。

・反射と突き抜け

株価の動きは、移動平均線やボリンジャーバンド（±2σ）に対して、それを超えられずに、戻される場合が多くあります。上昇傾向のときは、抵抗線となり、下降傾向のときは支持線となります。

移動平均線や±2σで、株価は、跳ね返されています（反射）。一方、20日移動平均線で、反射されずに、突き抜ける場合もあります。そして、突き抜けた場合は、±2σまで、上昇・下降する場合も多く見られます。

つまり、移動平均線や±2σと交わるところで、株価がどのように動くか（反射さ

株価と移動平均線・±2σとの関連（反射）

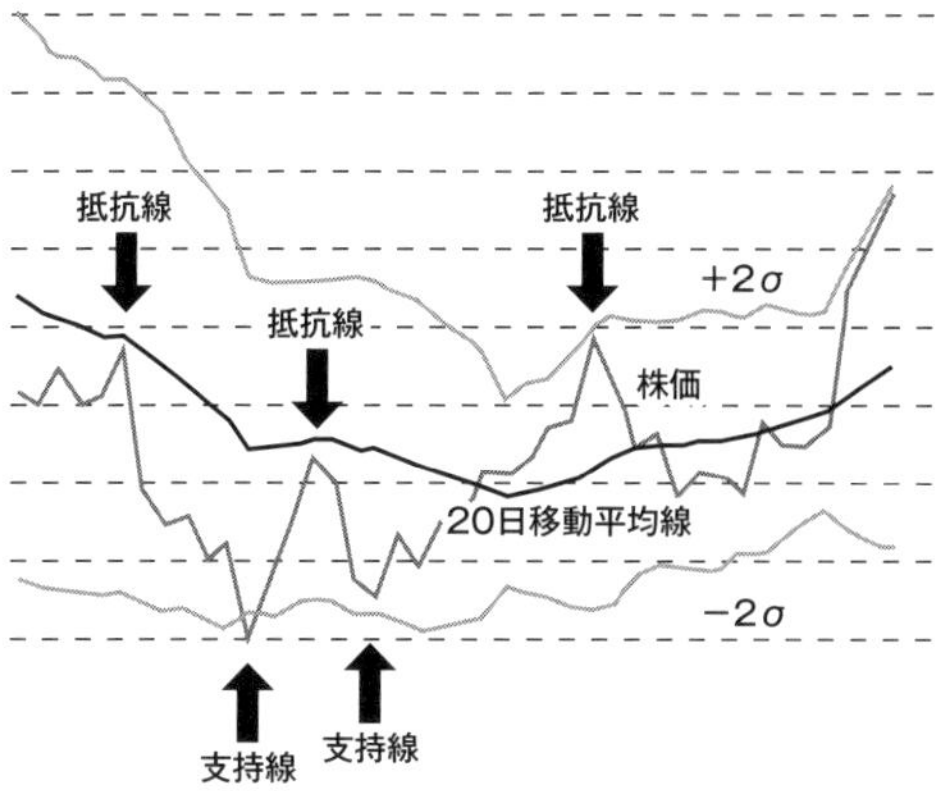

れるのか突き抜けるのか）が、最も重要なポイントとなります。

・バンドウォーク

バンドウォークとは、株価が、±2σに沿って、上昇あるいは、下降することです。図では、ボリンジャーバンドに沿って、バンドウォークして、ボラティリティーブレイクアウト（急激な上昇、または下降）を起こしています。

また、バンドウォークする前に、スクイージング（±2σのボリンジャーバンドの幅が狭くなること）が生じています。ボリンジャーバンドの幅が狭くなった後に、

バンドウォークとスクイージング

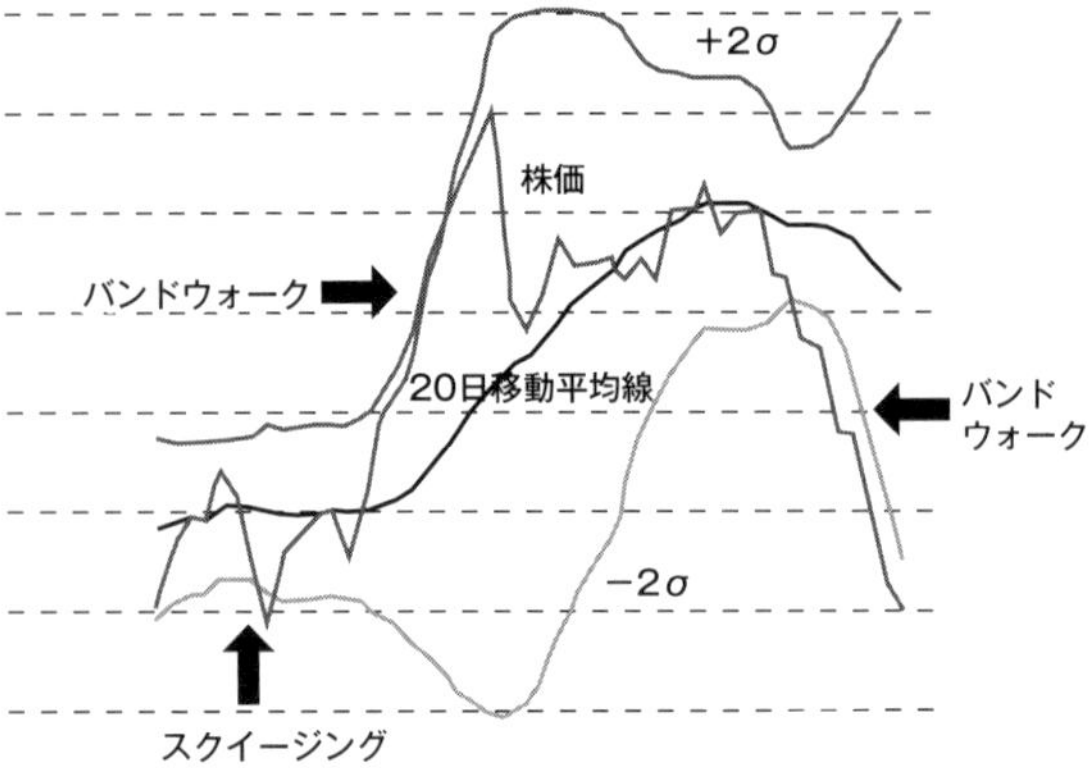

急激な変化が来ることがわかっています。

株価が大きく変動する予兆としては、株価第5波のウェッジ（エリオットのエンディング　ダイアゴナルトライアングル）が有名です。その次に大きな動きがあることが多いとされています。いわゆる三角持ち合い（チャートの形状が三角形になるパターン）の上下直線が交わる点に相当しますが、ボリンジャーバンドのスクイージングも同じ意味です。

・振幅変動（周期性）

ボリンジャーバンドの幅には、周期性があることが知られています。図は、任天堂

ボリンジャーバンドの振幅変動

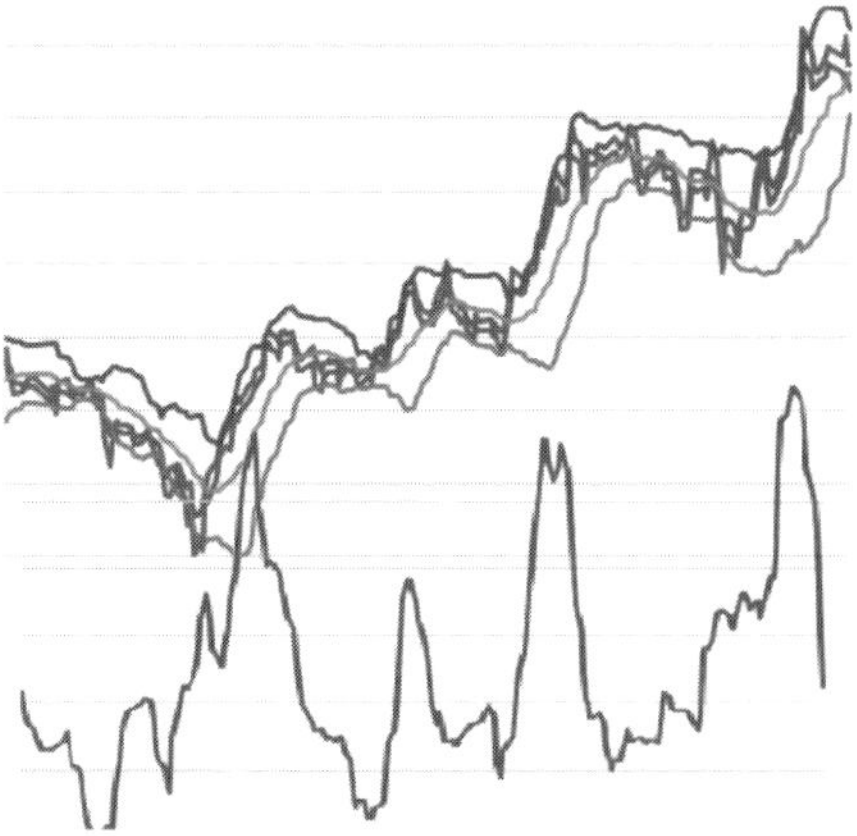

の１年間（２０２０年）のボリンジャーバンドを示しています。やはり、ボリンジャーバンドの幅には、周期性があるようです。１年間で4回のバンドウォークによる上昇を認めています。年初のバンドウォークによる下降は、コロナ感染の拡大による株価の暴落です。

この周期性をもう少し詳しく分析してみます。エクセルに付属のフーリエ解析で、周波数分析を行ってみます。４・７・11Hzにピークを認めます。年に4回の波は、大きなバンドウォークに相当するようです。つまり、３ヶ月ごとに、大きな変化が来る

周波数分析

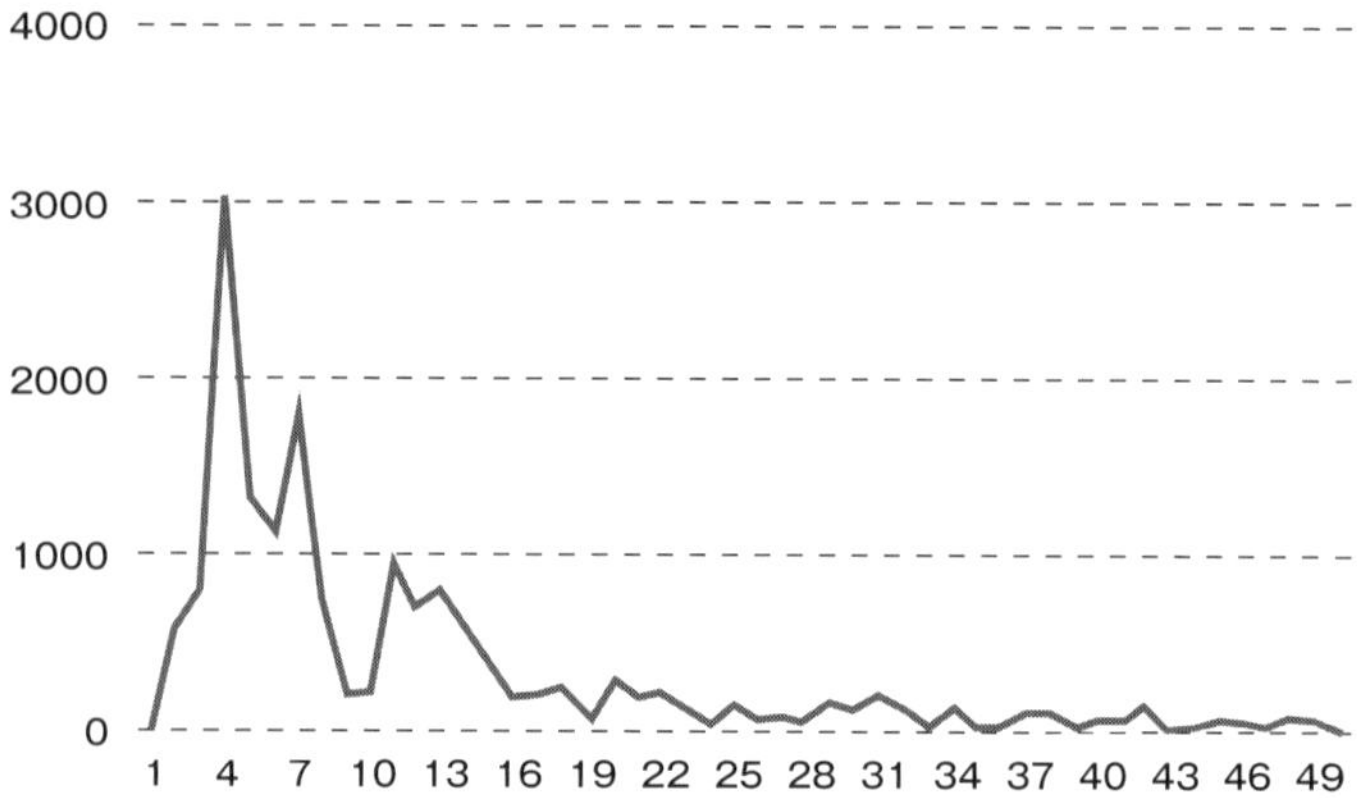

のは、先物とオプションが3ヶ月ごとに、清算されているからかもしれません。また、月に1回は小さなスクイージング（ボリンジャーバンドの幅が小さくなること）が生じるようです。これらの周期性を考慮して、株の取引を行うことが重要です。

　反射・突き抜け・バンドウォークなどの動きは、中・長期的な株価の動きだけでなく、デイトレードの際にも見られるものであり、最も重要な動きとして注意する必要があります。反射や突き抜けのための支持線や抵抗線は、20日移動平均線とボリンジャーバンド（±2σ）が最も強いものですが、その他に±−σなども補足的に考慮します。

大きく変動しそうなポイント（ボリンジャーはタグという言い方をしています）を見つけることが重要です。

これらの変化が、実際のトレードに役立つのか、検証を進めます。

▼株価の上昇局面――ボリンジャーバンドの活用

株価が、ボリンジャーバンド（㊉2σ）を超えて上昇した後の売買戦略を考えます。特徴的な株価の推移を116ページの図に示します。株売買を判断する4つのポイント（図に示されている①〜④）について、順次説明していきます。

①バンドウォーク

過去3年間（2018年〜2020年）で、高値が㊉2σを超えたのは29回あり、㊉2σを超えている期間は3㊉3日でした。ほとんどが、6日以内（2日以内が62％）

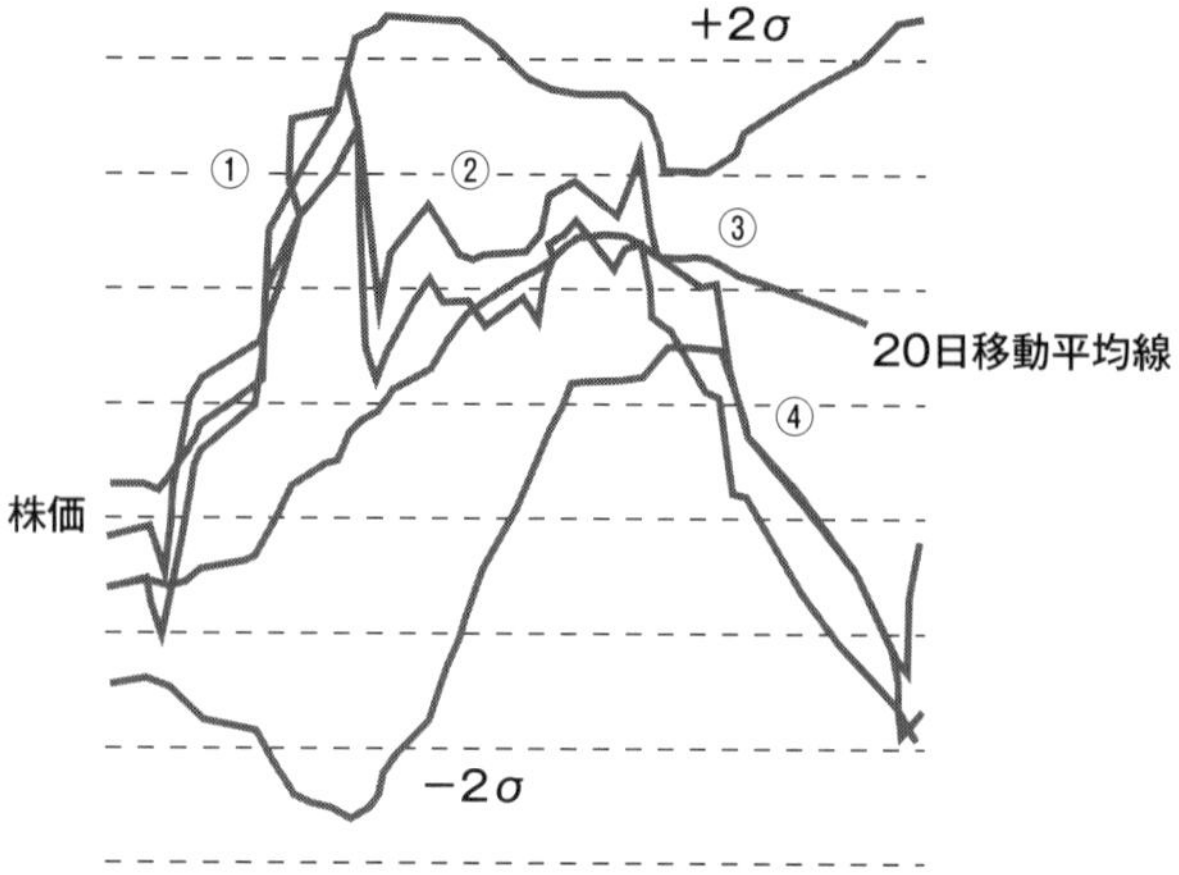

ボリンジャーバンド（株価上昇局面）

です。ただし、最長10日を超えて、バンドウォークしたことが、3年で2回ありました。

つまり、⊕2σを超えてから、6日程度は、上昇を続ける可能性があり、⊕2σを超えたからといって、慌てて、逆張りで空売りをすると、大けがをします。ここでのポイントは、上昇基調が続くことを頭に入れておくことです。保有株の一部を売らずに継続保有するなど、急上昇後の第二波を捉えることが、大きな利益になります。

ボリンジャーバンド（株価横ばい期間）

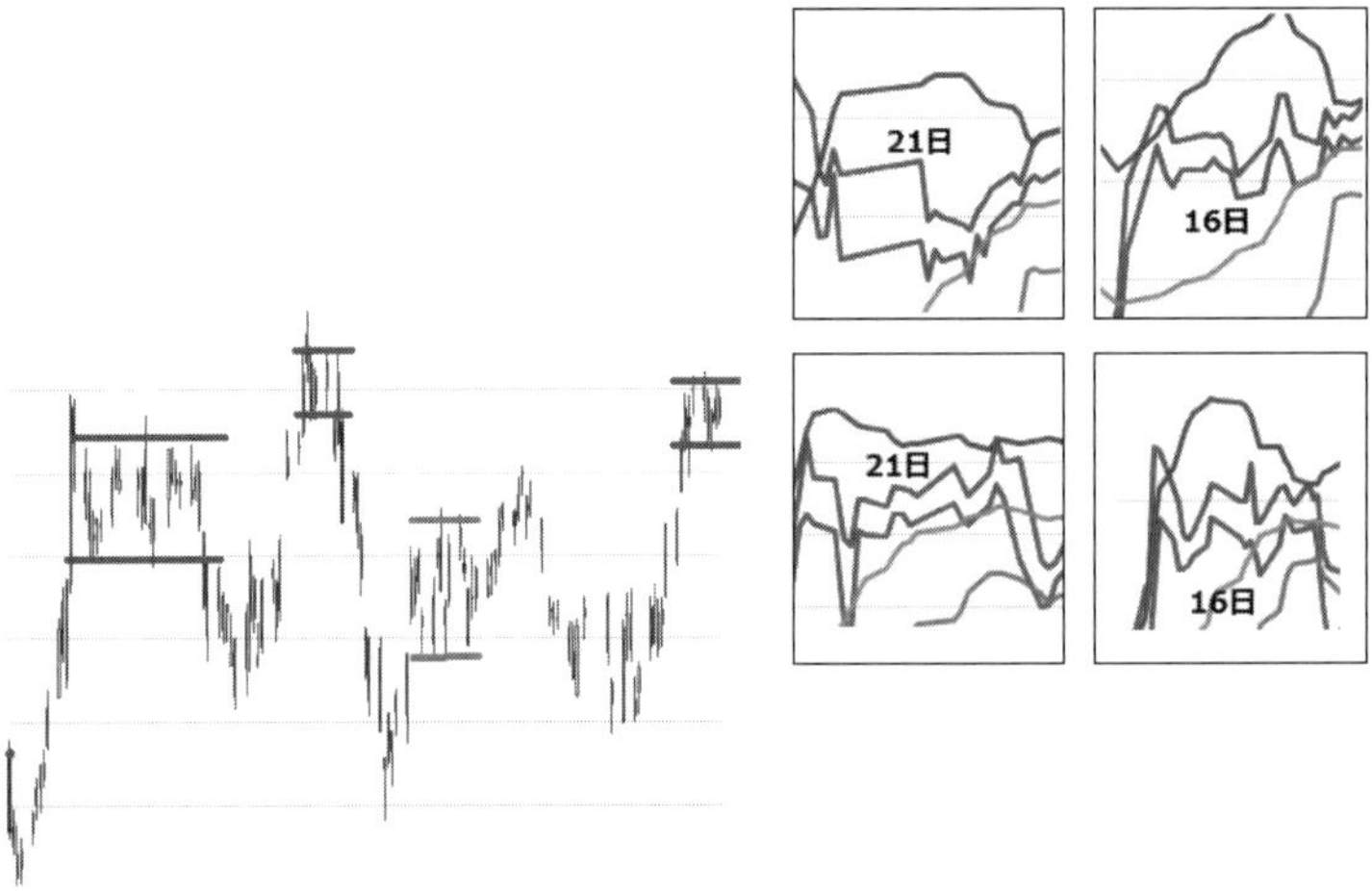

②横ばいの期間

最後に、高値が㊉2σを超えてから、安値が移動平均値まで戻ったのは、24回（83％）で、戻るのに必要な日数は、5・6±4日でした。

上図右のように、横ばいの期間が長い場合、横ばいのまま移動平均線にぶつかります。このときに、移動平均線が上昇傾向のときは、抵抗線として反射する確率が高く、横ばいになっているときには、突き抜けて低下する確率が高くなります。

逆にいえば、安値が移動平均線にぶつかるまでは、ボックス相場として、デイトレードで参加することが有効です（117ページ図左）。

5-20日移動平均線

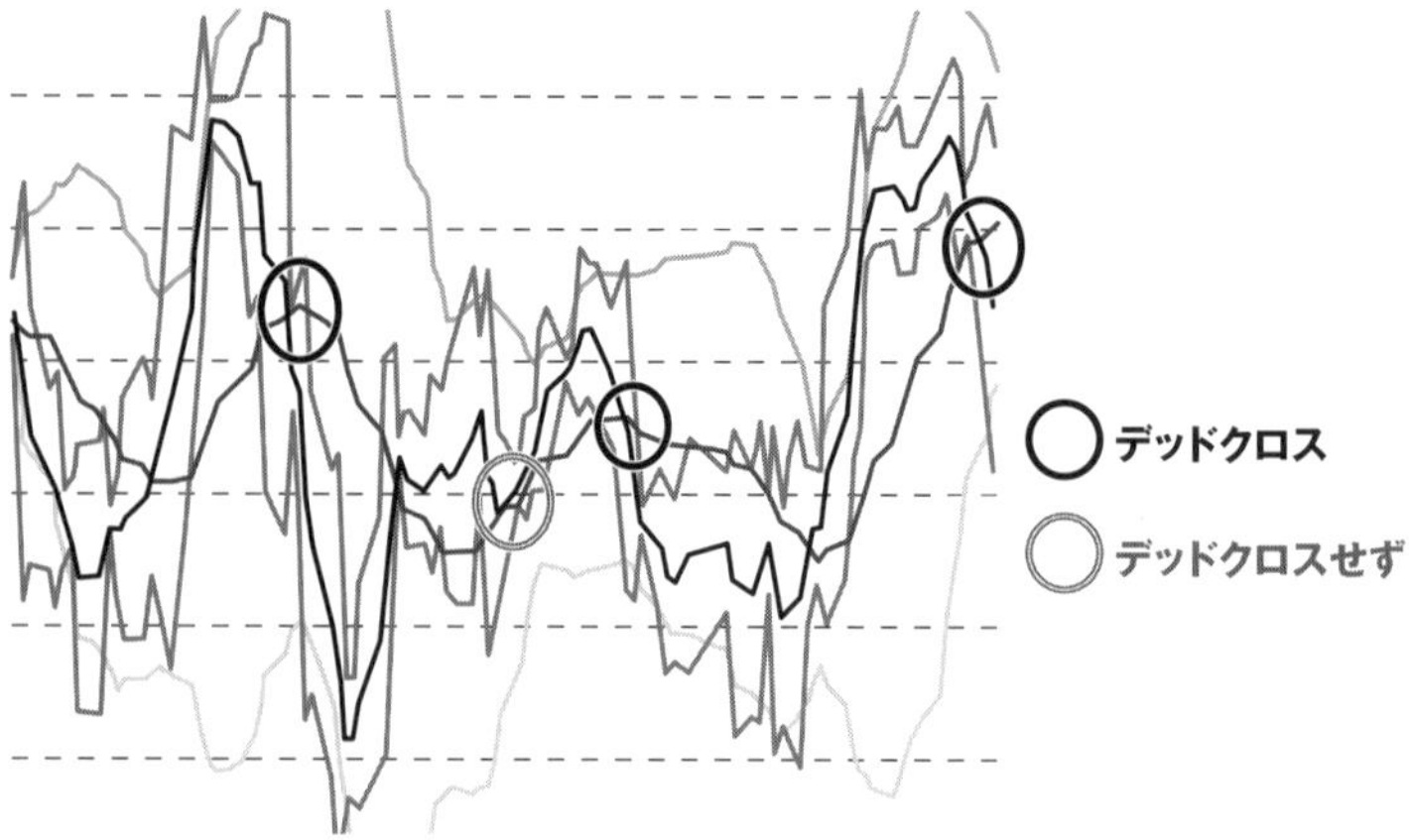

③移動平均線（反射か突き抜けか）

㊀σまで戻ったのは、18回（62％）で、6・7㊉5日後でした。つまり、1／3は移動平均線で、跳ね返される可能性がありまず。反射しそうであれば、すぐに空売りを清算する必要があります。

株価が移動平均線を突き抜けるか、反射するかを判断するには、株価の下降速度なども参考になりますが、5～20日移動平均線のデッドクロスが生じているかどうかが、有効な判断材料になります。デッドクロスした場合は、90％の確率で下降します。

④㊀2σまでの下降

㊀2σまで下がったのは、16回（55％）で、10㊉5日後でした。

デッドクロスして、移動平均線を突き抜けた場合は、ほとんど3日以内に㊀2σまで下降します。空売りしていた場合の反対買いを行うポイントとなります。

▼株価の下降局面――ボリンジャーバンドの活用

株価が、ボリンジャーバンド（㊀2σ）を超えて下降した後の、売買戦略を考えます。特徴的な株価の推移を120ページの図に示します。株売買を判断する4つのポイント（①〜④）について、順次説明していきます。

ボリンジャーバンド（株価下降局面）

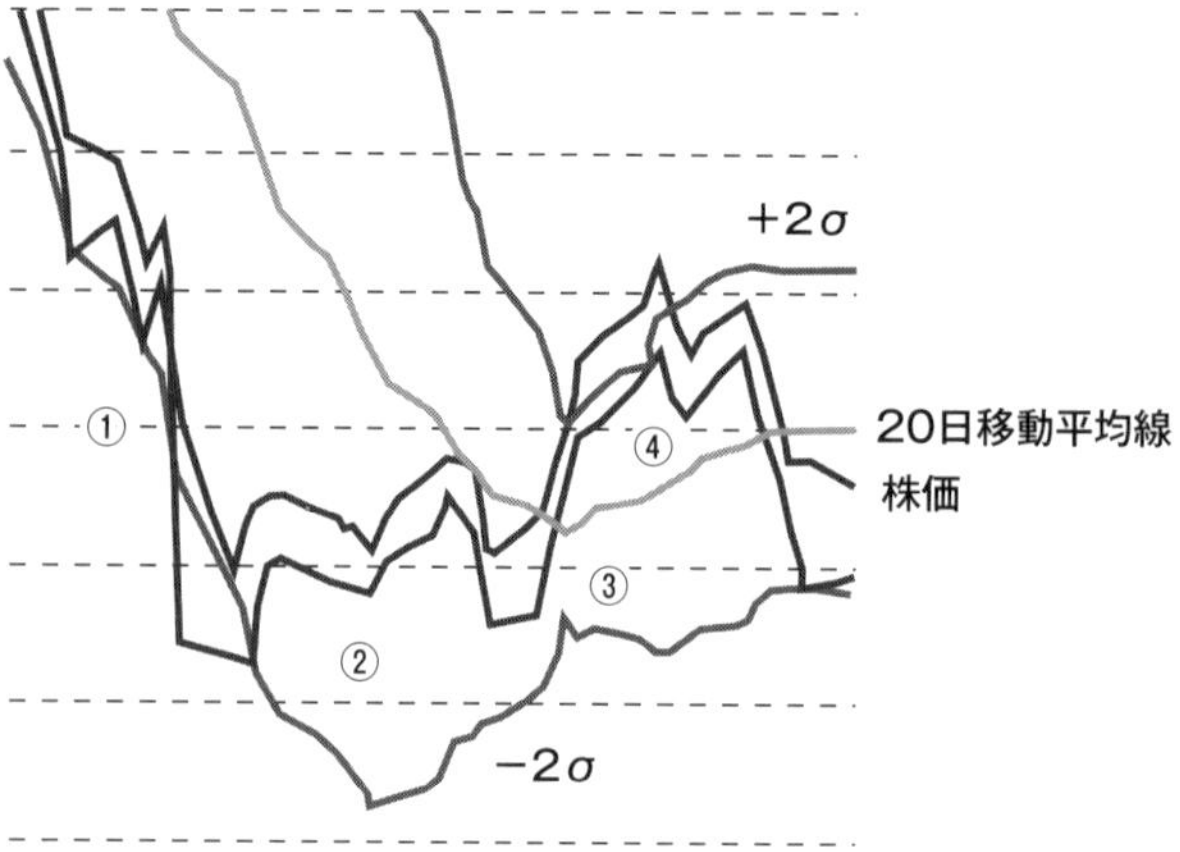

①バンドウォーク

⊖2σを切ったときは、過去3年間で29回ありました。安値が⊖2σを超えて下がっている期間は、2・6±2日（66％が2日以内）でした。3日以上下がっている場合は、バンドウォークによる下降と考えられます。3年間で、11回認められました。⊖3σを切って、さらに低下した回数は、6回あり、21％でした（その期間は、1〜2日です）。

3日以上・⊖2σより安値が低下した場合では、11回のうち、そのまま下降を続けたのは（⊕2σまで回復しない）4回、再上昇したのは（⊕2σまで回復）7回です。

高値・安値・ボリンジャーバンド

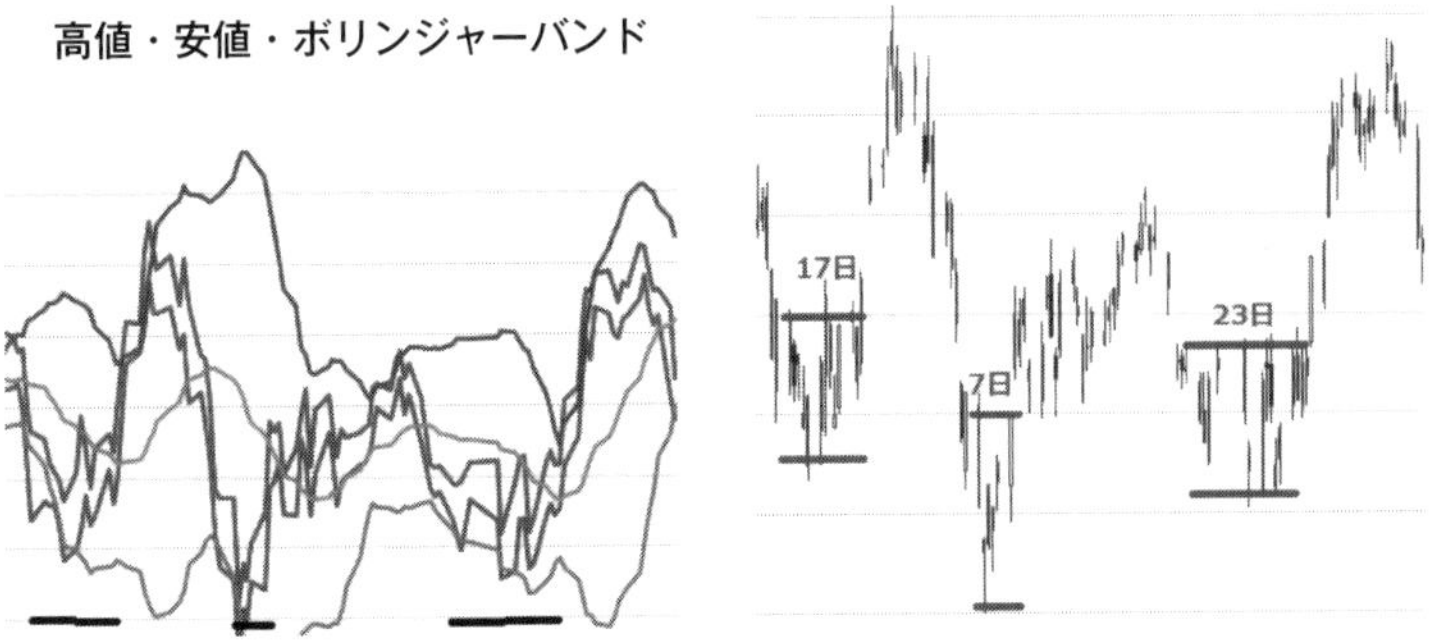

最後に⊖2σを切ってから移動平均まで回復する期間は、9・6日程度でした。⊕2σまで回復する場合は、18日程度です。バンドウォークした場合は、回復までの時間は、しない場合より長くなります。

②横ばいの期間

高値が、⊖1・5σまで回復するのは、安値が最後に⊖2σを切ってから、1・1±0・3日後です。高値が、⊖1σまで回復するのは、最後に⊖2σを切ってから、1・9±1・0日後です（27／29：93％）。高値が、移動平均線まで回復するのは、安値が最後に⊖2σを切ってから、4・5±2・4日後でした。

この期間は、⊖2σ近辺での安値を拾う買いポジションでのボックス相場となります。

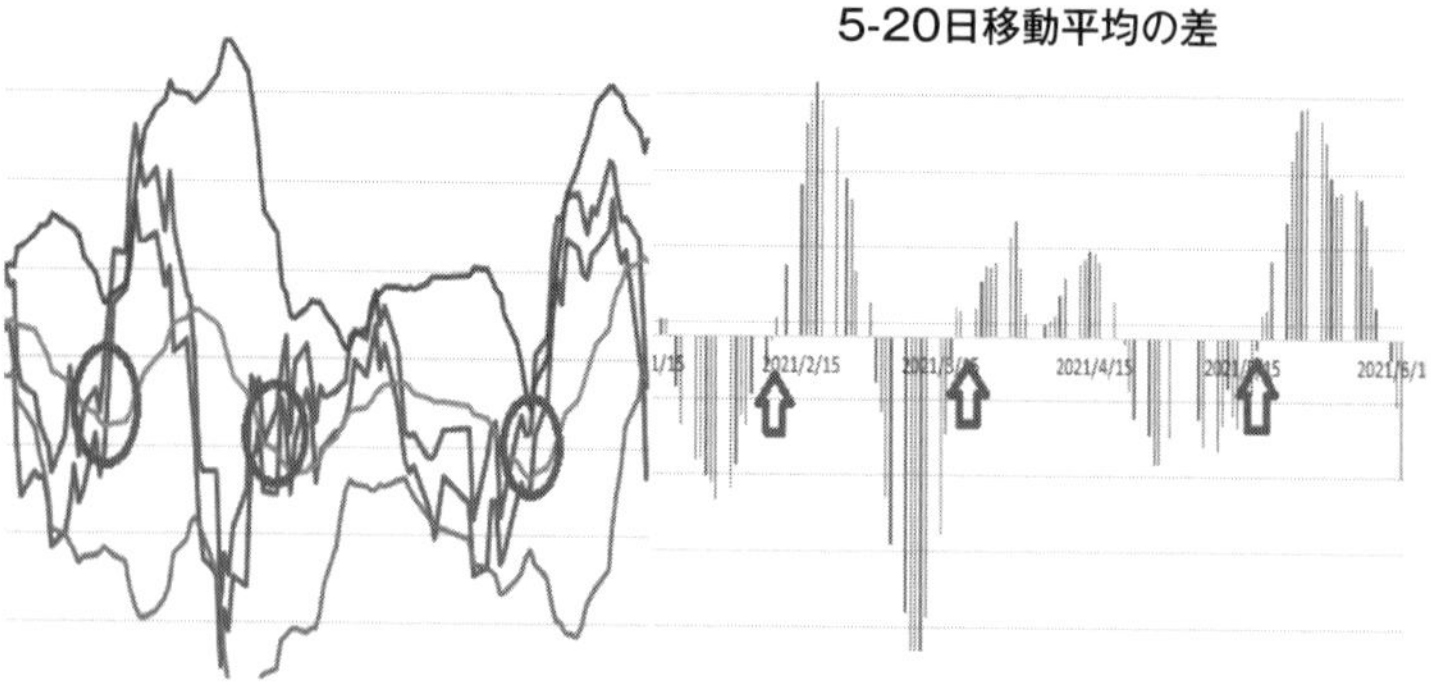

③移動平均線（反射か突き抜けか）

この場合、ゴールデンクロスするかどうかが、移動平均線を突き抜けるかどうかの判断材料になります。

高値が、⊕σまで回復するには、高値が移動平均値を超えてから、3・8±2・4日（13／29：45％）でした。約半数が、移動平均線を突き抜けて上昇します。

④⊕2σまでの上昇

高値が、⊕2σまで回復するのは、移動平均線を超えてから、6・1±3・3日（13／29：45％）でした。

ただし、ゴールデンクロスしたら、3日以内に⊕2σまで上昇する可能性が高い（69％）ことがわかっています。大きな利益を得るチャンスとなります。

▼ゴールデンクロスとデッドクロス局面の生かし方

日数（+2σまでの）	デッドクロス	ゴールデンクロス	日数（−2σまでの）
x	2018.10.10	2018.11.30	1
x	2018.11.14	2018.11.9	2
3	2018.12.6	2018.7.13	8
x	2018.5.16	2018.8.22	3
0	2018.8.8	2018.9.20	3
3	2019.12.20	2019.1.11	10
1	2019.2.4	2019.11.1	2
x	2019.6.13	2019.2.26	1
1	2019.7.23	2019.3.13	6
6	2019.9.26	2019.6.24	2
14	2020.1.28	2019.8.16	0
x	2020.10.5	2020.1.23	0
x	2020.11.10	2020.10.14	0
3	2020.5.1	2020.11.2	3
12	2020.7.1	2020.11.26	x
6	2020.7.13	2020.3.23	x
1	2021.1.20	2020.6.4	1
2	2021.3.2	2020.7.3	3
1	2021.4.21	2020.8.5	5

ゴールデンクロスとデッドクロスは、その後に急上昇・急下降することが多いといわれていますが、本当にそうなのかを、検証しました。

長期の移動平均線を短期の移動平均線が下から上に突き抜けるのを、ゴールデンクロスといいます。株価上昇のシグナル、という見立てです。

反対に、長期の移動平均線を短期の移動平均線が上から下に突き抜けるのを、デッドクロスといいます。株価下落を示す合図とされています。

任天堂の過去3年間で、ゴールデンクロスは22回、デッドクロスは19回認められました。それぞれ、年間6〜7回程度、2〜3ヶ月に1回は、認められています。

【ゴールデンクロス】

22回のうち、⊕2σまで上昇したのは16回で、73％です。

上昇したのは、4・4㊏4・8日後で、ヒストグラムからは69％で、3日以内です。

ゴールデンクロスしたら、3日以内に⊕2σまで上昇する可能性が高いことがわかります。

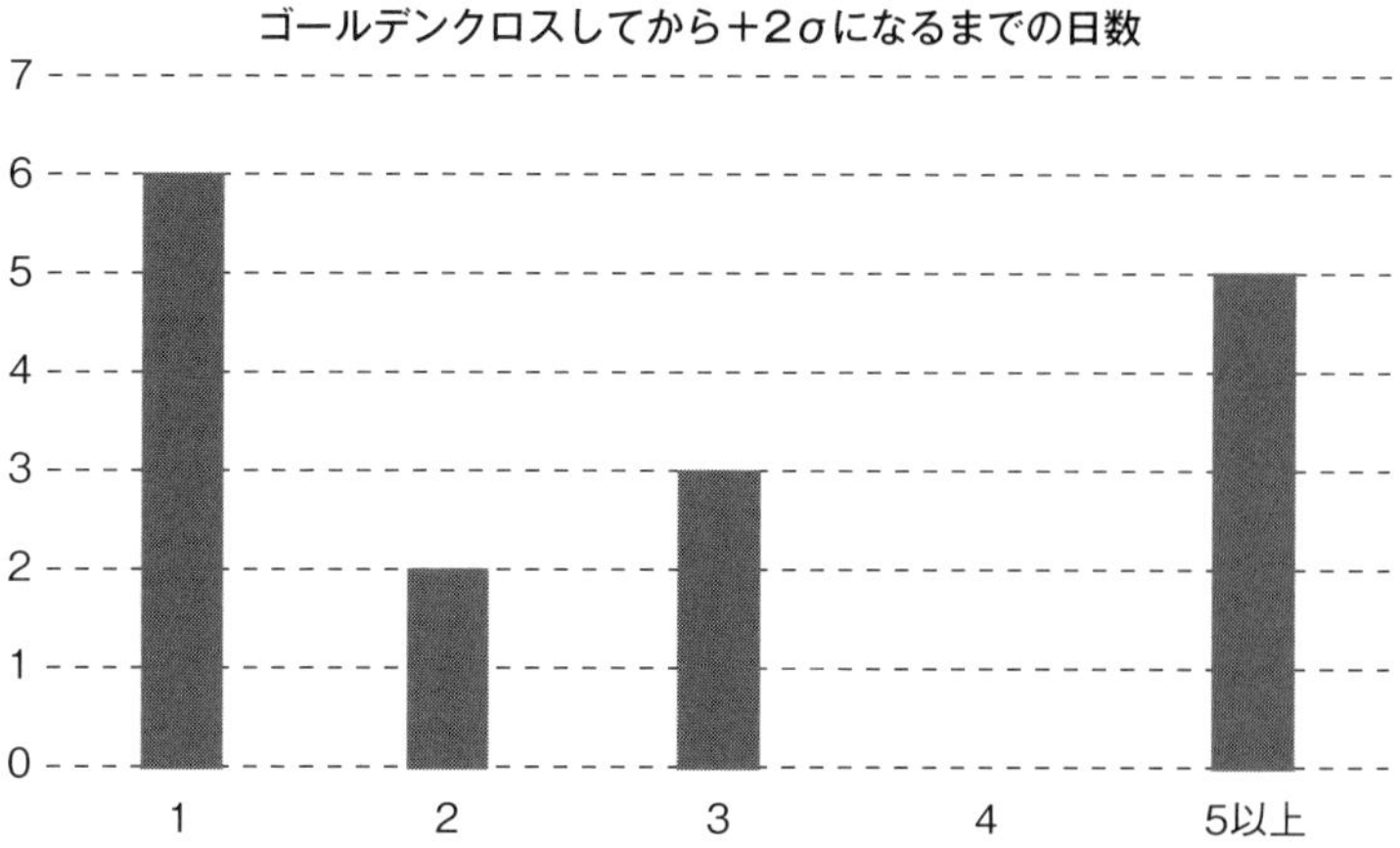
ゴールデンクロスしてから＋2σになるまでの日数
7
6
5
4
3
2
1
0
1
2
3
4
5以上

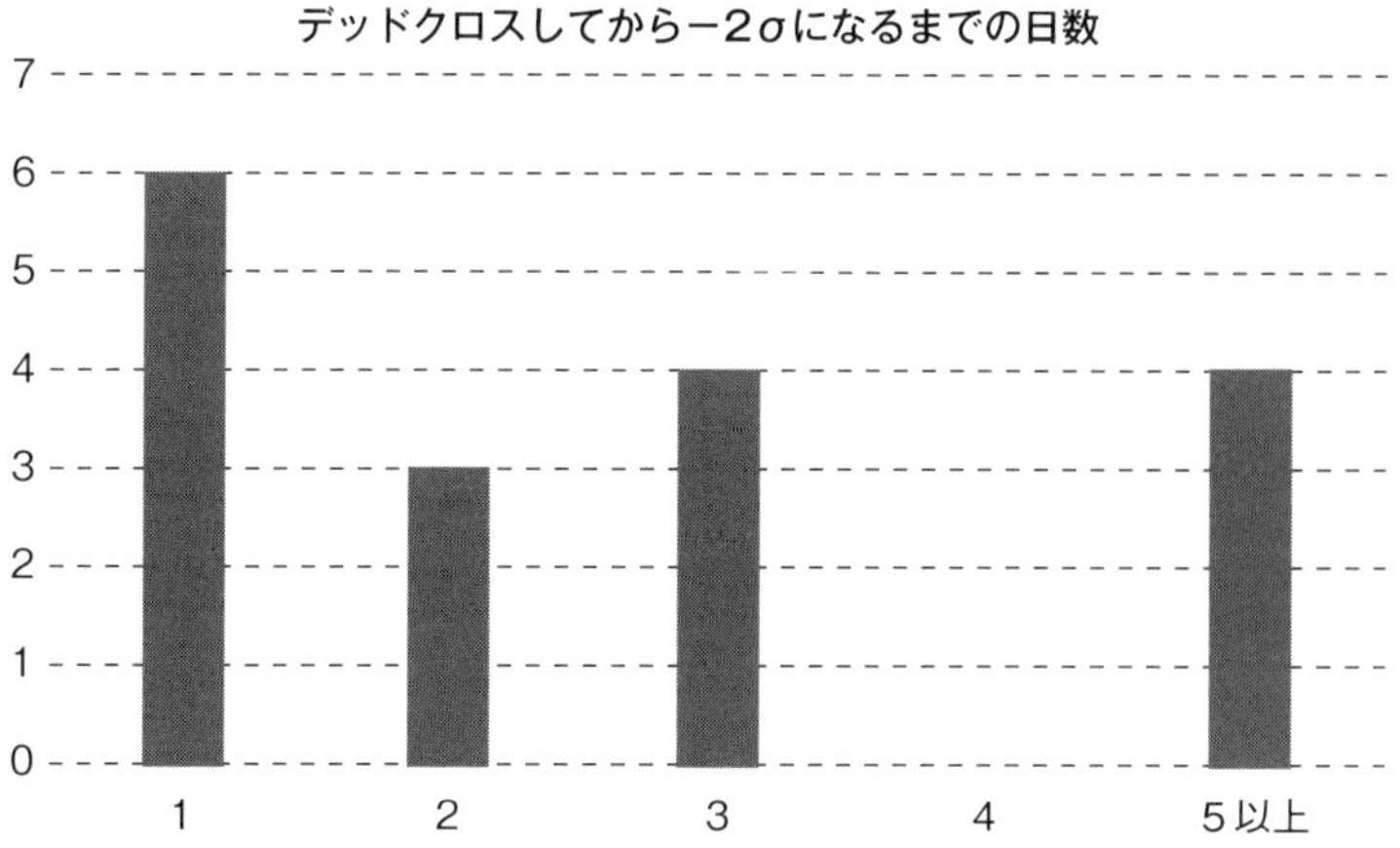
デッドクロスしてから－2σになるまでの日数
7
6
5
4
3
2
1
0
1
2
3
4
5以上

【デッドクロス】

19回のうち、㊀2σまで下降したのは17回で、89・5％です。

㊀2σまで下降するまでの日数は、2・9㊉2・8日で、ヒストグラムからは、3日以内が76・5％です。デッドクロスしたら、3日以内に㊀2σまで下がると、考えておいてよさそうです。

ゴールデンクロスとデッドクロスは、信頼できる指標であることがわかりました。

▼勝率90％のストラテジー

後述する自作の「株取引シミュレーションゲーム」での訓練や試行錯誤などを経て、2020年4月から、実際に株取引をスタートしました。それから2年間の取引期間中（2020年4月〜22年3月）における全取引回数は350回。通算304勝46敗、勝率は87％でした。

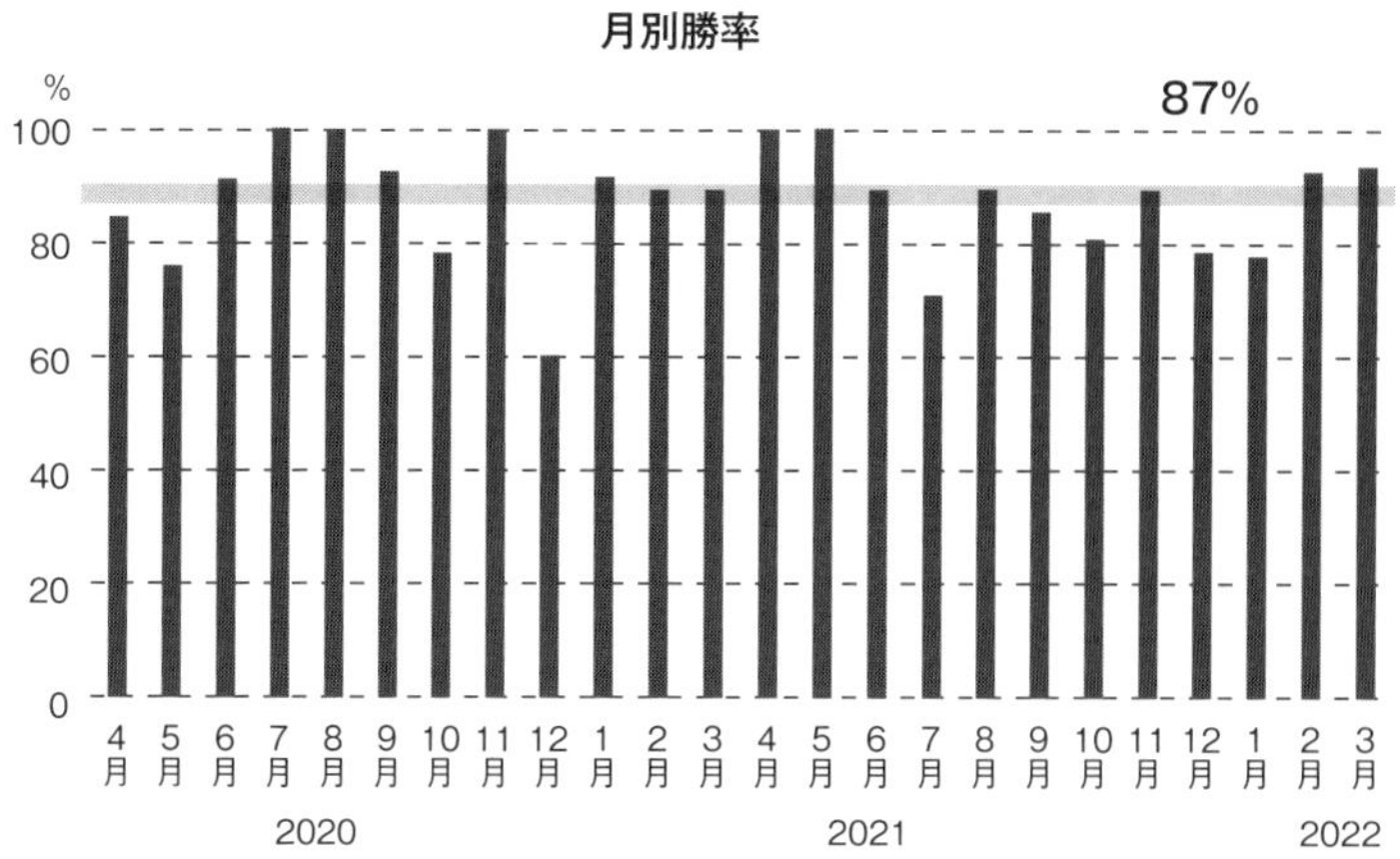
月別勝率
%
87%
100
80
60
40
20
0
4月 5月 6月 7月 8月 9月 10月 11月 12月 1月 2月 3月 4月 5月 6月 7月 8月 9月 10月 11月 12月 1月 2月 3月
2020
2021
2022

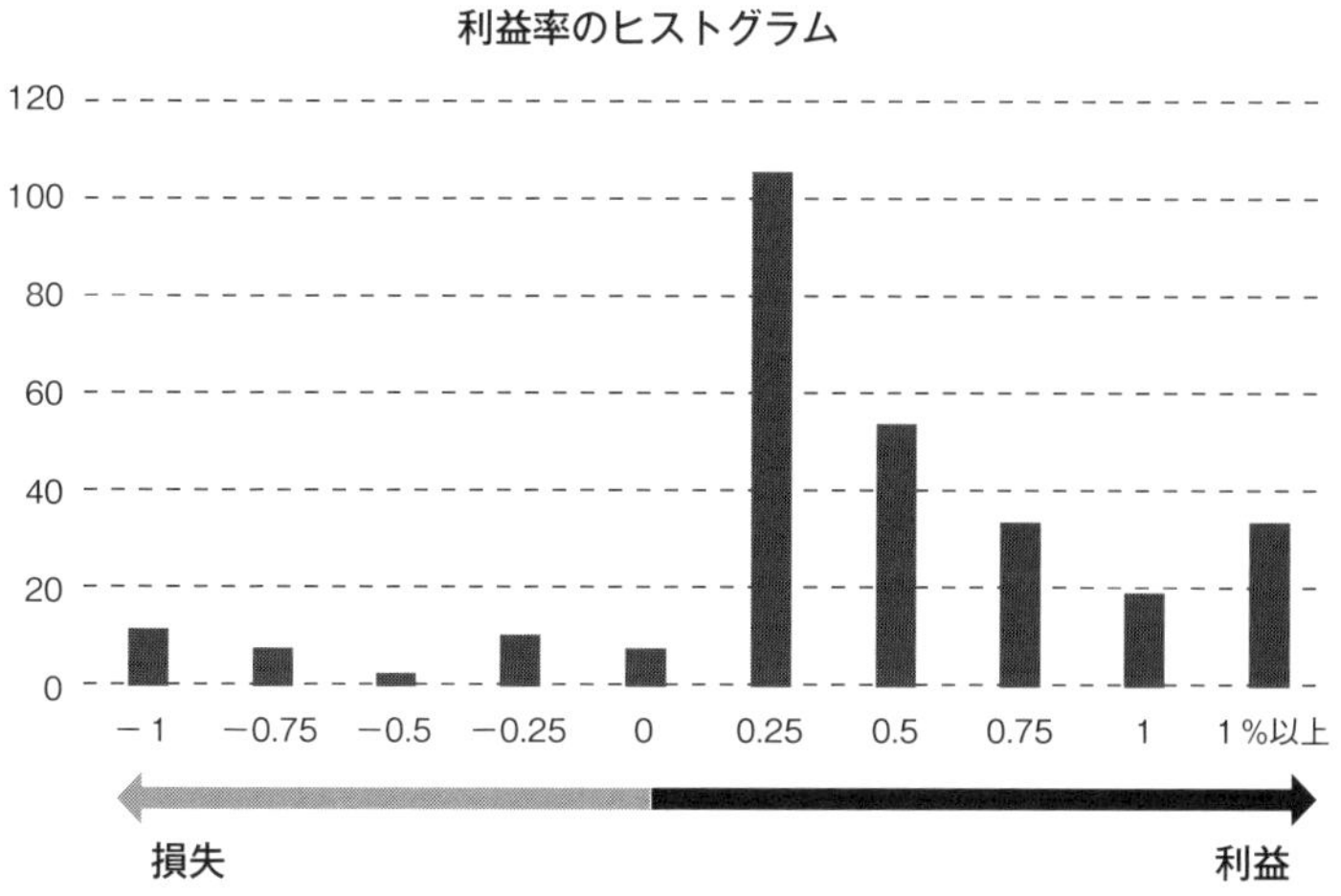
利益率のヒストグラム
120
100
80
60
40
20
0
−1 −0.75 −0.5 −0.25 0 0.25 0.5 0.75 1 1%以上
損失
利益

月別の勝率に、大きな変動はありませんでした。株価の上昇・下降にかかわらず、期間中、概ね安定した勝率でした。また、曜日別の勝率も求めましたが、これも曜日による大きな違いはなく、株取引に対する日常の仕事の影響はありませんでした。

1日の利益率は、「0・32㊉1・29％」。損益ヒストグラムの中央値は、0・25％でした。最終的な利益率は、年リターンに換算すると54％となりました（税金が20％かかるので、実質利益率は43％となります）。

▼90％の勝率でも、大幅マイナスがあるのはなぜか

株式投資において、勝率はまやかしであると主張する人もいます。90％の勝率ということは、10％は負けるということです。この負けが、とてつもなく大きければ、トータルでマイナスとなります。つまり、株取引では、最終的な損益が重要で、勝率自体は意味がないというわけです。

この主張は、ある意味、真実をついています。実際に90％勝っても、残りの10％で大負けするのは、よく起きることです。実は、このこと自体が、株の不確実性の本質なのです。

たとえば、多くの人が、株は上がると考えているとします。しかし、予測に反して、下がったとします。このときの反応として、上がると予測している力が強ければ、絶好の押し目買いのチャンスとなり、株価は戻します。

一方では、下がったために動揺が広がり、利益のあるうちに、売ろうと考えます。それでも、下がれば、損切りしても売ろうとなり、株価下落によるパニック売りが続きます。このことを、不確実性における負のフィードバック（増幅現象）と呼ぶ人もいます。落ちるナイフはつかむなというわけです。つまり、予想が外れたときには、大きな変化がくる（大損害となる）可能性があるのです。

一つの例として、ボリンジャーバンドによる逆張り戦略を、考えてみましょう。ボリンジャーバンドは、㊉2σ標準偏差の線であり、株価の変動は、95％の確率で、上下のボリンジャーバンドの中に収まります。つまり、上のボリンジャーバンドに接触

ボリンジャーバンドによる逆張り戦略

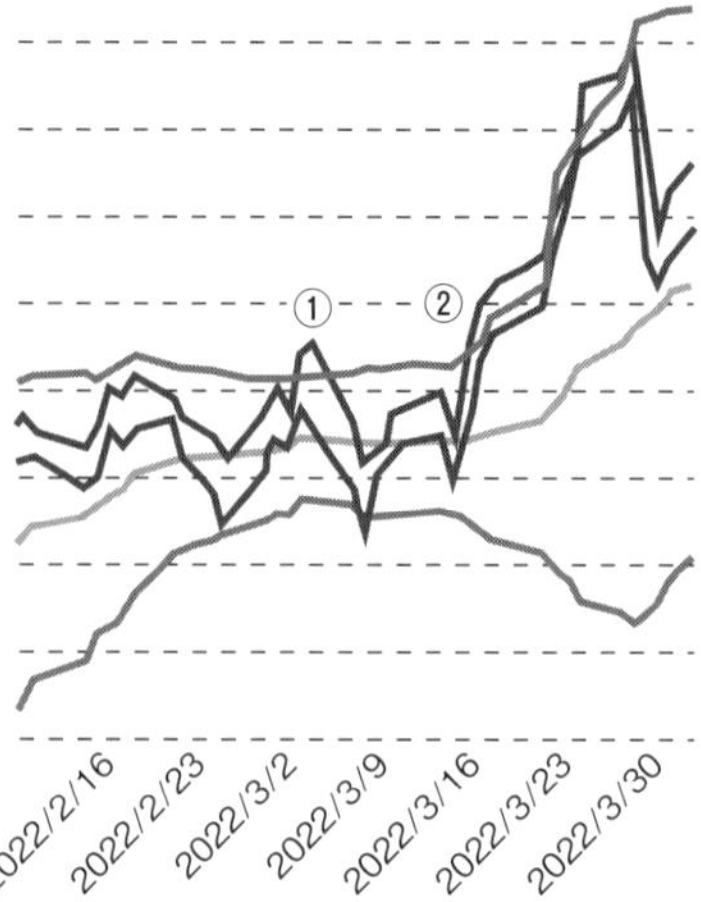

したら、買われすぎで、高値であると判断できます。

ここで、空売りをすれば、90％以上の確率で低下するだろうと考えられます。しかし、実際には、そのようにはなりません。上図のように、ボックス相場の①の点では、確かに、低下していますが、②の点では、急上昇しています。これが、株の不確実性（正のフィードバック）といわれるものです。

下がると思い空売りしたのに株価が上昇。そのため含み損が拡大して、慌てて、空売りを解消して、買いに向かい、更なる上昇をもたらすのです。この現象を、空売りに対する踏み上げ相場とか、バンドウォークともいいます。もし、ここで、空売りをしていれば、大きな損失を招いたことになります。それまでに90％勝っていたとしても、このような想定外の出来事に、一度でも巻き込まれれば、いっぺんに赤字になることがあります。つまり、90％の勝率でも、損失になることはあるのです。

それでは、勝率は、本当に、意味のないものなのでしょうか？　90％負けても、残り10％で、大きく勝てば良いと、極論をいう方もいます。しかし、90％負けるより、90％勝つ方が良いに決まっています。本質は、10％で、大負けするということです。つまり、想定外のことが起こったときのリスク管理ができていないということなのです。

たとえば、前述の株価が、ボリンジャーバンドに接したときに、数％で上昇する可能性があれば、対策を立てておかなければなりませんでした（実際には、過去の統計から30～40％上がることが、わかっています）。そして、それは、確率が低くても、実際に起きるのです。つまり、予想外も、予想のうちなのです。

▼底値割れの押し目買いはリスク大

私も大失敗したことがあります。２０２１年10月１日（金曜日）、前日にアメリカの債務不履行の可能性が指摘され、日経平均は大暴落となりました。任天堂は、１日で㊀8・73％（㊀４７４０円）の下げで、年初来安値を更新しました。

デイトレードでは、４番底までつけて、安値引けとなり、筆者自身、過去最大の損失を被りました。この１日の相場の動きと、取引の全体を再検討して、今後の投資戦略に生かすことにします。

大暴落は、過去にどの程度起こっているのかを検証しました。（１３３ページの表）下降率（前日の終値と当日の終値の差）、および陰線率（当日の始値と終値の差）は、いずれも過去３番目の大きさであったことがわかりました。このような大暴落がくることも想定しておかなければなりません。

実は、同日は、任天堂が日経平均の採用銘柄になった日です。前日には、出来高３

下降率と陰線率

下降率

日付	始値	高値	安値	終値	下降率	
2019/2/1	32,300	32,740	30,540	30,720	−9.2	
2018/11/16	34,970	35,230	31,350	31,860	−9.1	
2021/10/1	52,040	52290	49,510	49,570	−8.7	★
2021/8/6	53,980	54,070	50,830	52,410	−7.2	
2018/6/4	42,510	42,750	40,470	40,470	−6.3	

陰線率

2018/11/16	34,970	35,230	31,350	31,860	−8.9	
2021/7/8	65,900	66,020	63,160	63,160	−4.2	
2021/10/1	52,040	52,290	49,510	49,570	−4.7	★
2021/2/26	67,190	67,500	64,750	64,750	−3.6	
2020/10/2	60,480	60,700	57,930	58,200	−3.8	

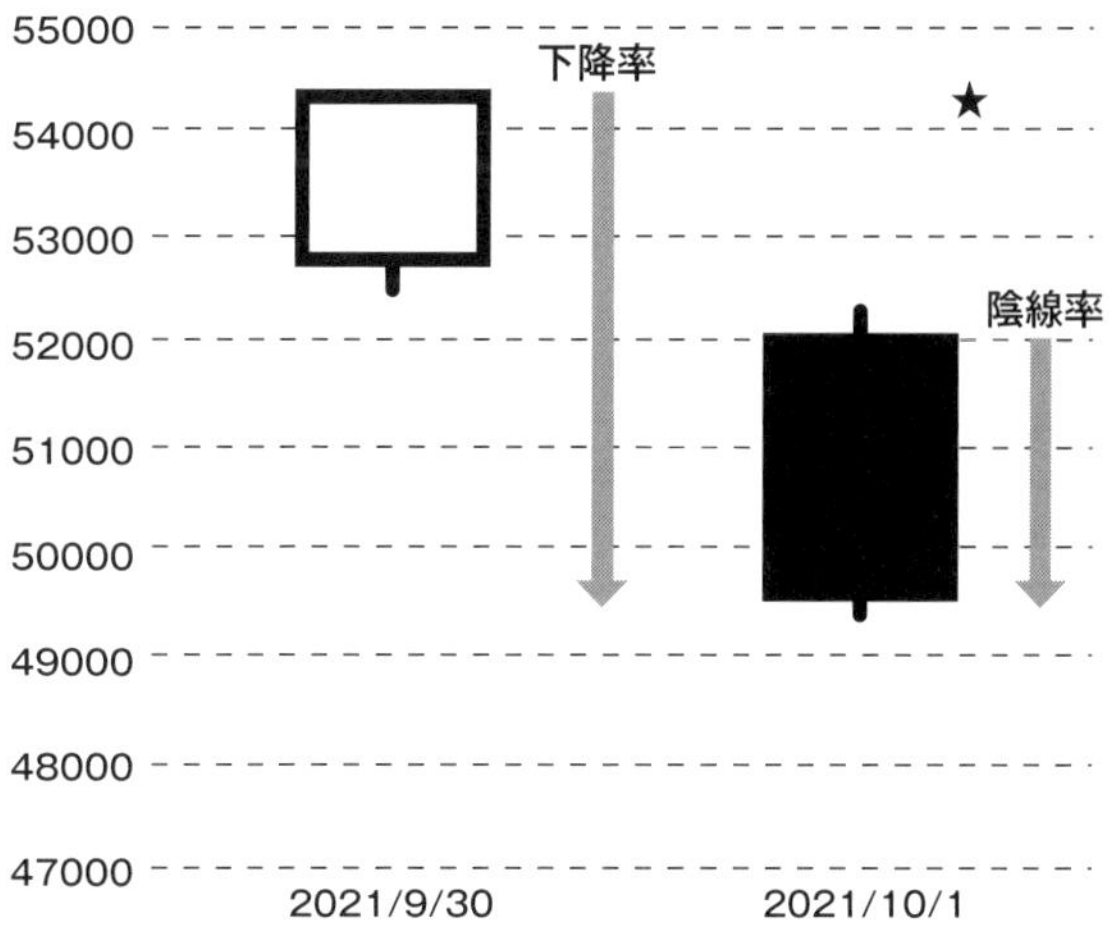

００万株（通常の3倍以上）で、高値引けをしていました。おそらく、株の持ち合いのリバランスと思われます。一転して、同日は、同じ３００万株の取引で、大暴落となっています。

それでは、当日の株価の動きと、売買のタイミングについて検証してみます（１３５ページの表）。予想通りに株価は下落したので、底値で３００株押し目買いを行いました（大きな丸の中です）。そして、１／５戻しで反対売買を行い、利益を確定しています。これは、２番底でも行いました。ただし、もう一度底をつけたときに、買い増して、２番底の時点で５００株の保有となっていました。午前中では清算せず、午後からの反発を期待して保有したところ、４番底までつけて、安値引けとなり、大損害を出しました。

底を割ったときには、押し目買いは危険である、というのが反省点です。これについては少なくとも、午前の引けで清算するべきでした。午後から上がるかもしれないという期待のみで、保有して損害を大きくしました。やはり、感情（希望的観測）が

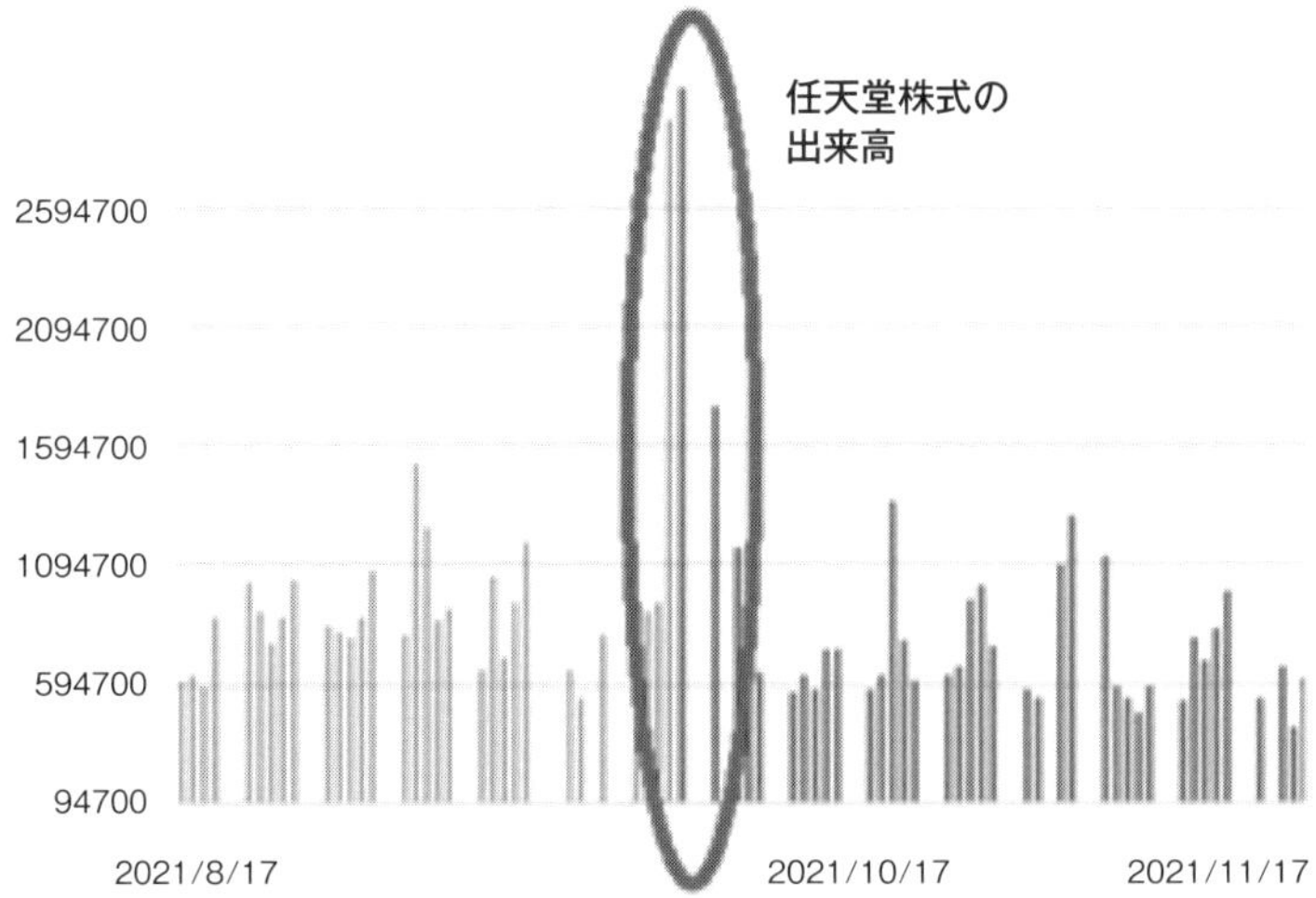
任天堂株式の
出来高
2594700
2094700
1594700
1094700
594700
94700
2021/8/17
2021/10/17
2021/11/17

著者の失敗例

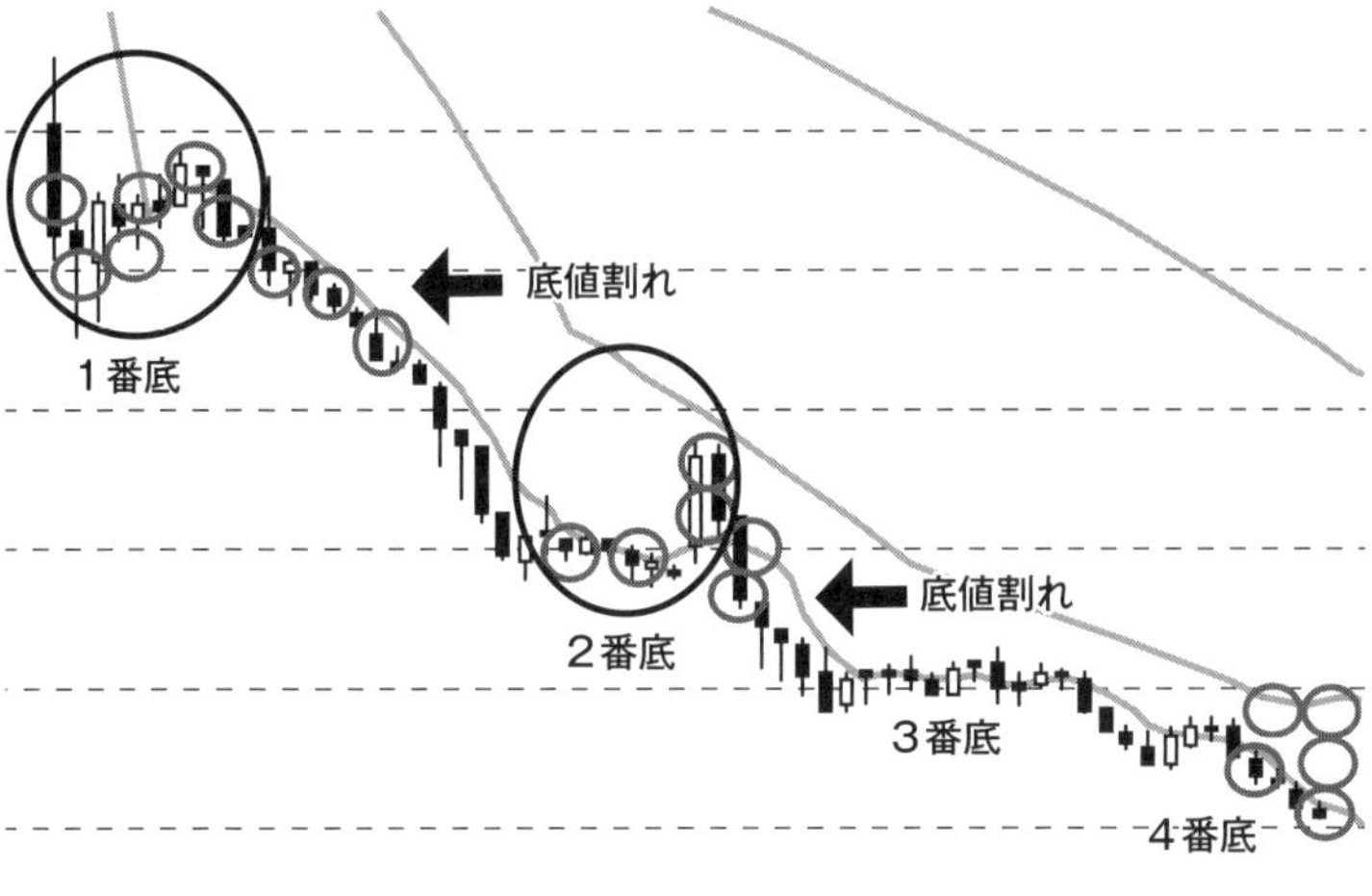
底値割れ
1番底
2番底
底値割れ
3番底
4番底

作用すると、上手くいかないことがわかります。

▼「株式投資」――人間は、感情で失敗する

デイトレードを含めて株取引においてやっかいなのは、感情面です。欲と恐怖、安堵と後悔が、複雑に絡み合います。感情は、投資行動に影響する大きな因子の一つであることはいうまでもありません。

必勝の投資術の第一歩は、こうした人間の感情の克服にあるのですが、まずは、「三大落とし穴」を自覚しておきましょう。

左図に、①から③の点を示しました。株取引の落とし穴をまとめました。

①株を買った後、上昇したが、下がるのが怖くて、すぐに売ってしまう。

②株は下がり始めたが、また上昇すると思い、売らずに持ち続ける。

③株で損を出しているが、いつか値上がりするだろうと思い、損失確定をせずに、さらに損失を拡大させる。

３つの落とし穴

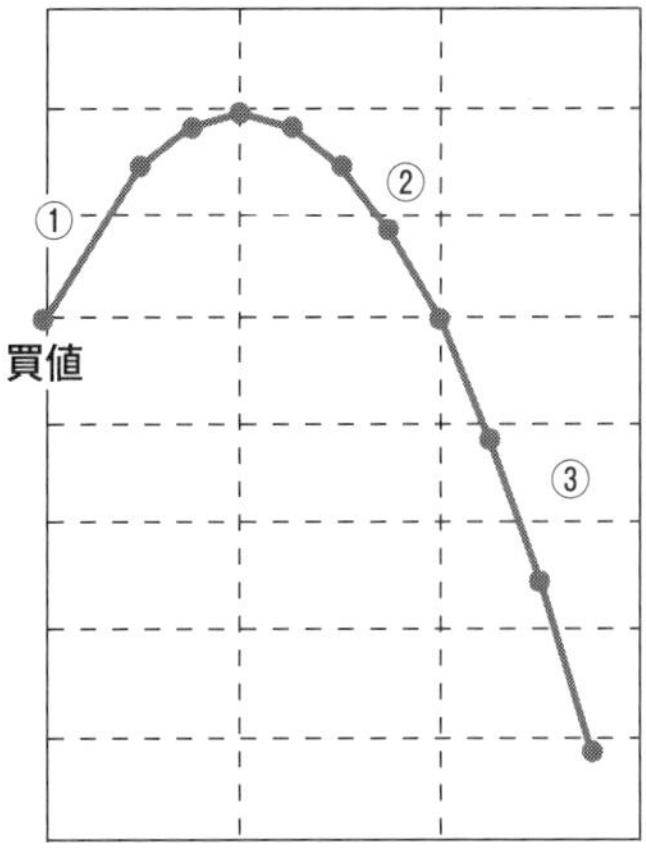

株を買った後に、上昇したときの幸福感よりも、下がったときの恐怖感が強いことはよく知られています。売り抜けたときには、一時的にほっとします。人間はそもそも、損失に対しての恐れが強い生物なのです。例をお示ししましょう。

あなたは、くじに当たり10万円をもらうことになりました。ここでコインゲームを選択することができます。表が出れば賞金は20万円になります。裏が出れば、賞金は没収されます。あなたは、コインゲームを行いますか？　多くの人は、コインゲームを行いません。

あなたは、借金があり10万円を払わなけ

ればなりません。ここでコインゲームを選択することができます。表が出れば、借金はなしになります。裏が出れば、借金は20万円になります。あなたは、コインゲームを行いますか？　コインゲームを行う人が多くいます。

期待値はすべて同じですが、利益か損失かで、人間の行動は変わります。

このような行動は、経済学者のダニエル・カーネマンが、１９７９年にプロスペクト理論として報告しています（私が大学を卒業した年です）。そして、彼は２００２年にノーベル経済学賞を受賞しています。人間は利益よりも損失を感情的に大きく評価するのです。

この原因は、おそらく我々の祖先に由来していると思われます。ジャングルで、木の実を取っていた我々の祖先がいました。そのときに、藪がガサガサと音を立てました。あるグループは、ライオンが来たかもしれないと思い、逃げ出しました。あるグループは、風だと思い、そのまま木の実を取り続けました。長い年月で、どちらのグループが生き残ったかは明白です。これらの損失に対する経験は、我々の遺伝子の中に語り継がれていったに違いありません。我々は、本能として損失を恐れるようになったものと思います。そしてこの本能こそが、株取引で勝てない原因となり得るのです。

人間は常に合理的（理性的）に行動するという考えは、近年では間違いであることを証明する多くの事例が報告されています（行動心理学）。むしろ、感情（本能）によって支配されているといっていいかもしれません。そして、このことが株取引にも大きな影響を与えるのです。

株式投資では、こうした人間感情との付き合いが避けられません。利益を実現し続けるためには、数学的な根拠がある、理論的に裏付けされた基準をそれぞれが構築していくことがポイントになります。

▼株ロボットの可能性は？

「バック・トゥ・ザ・フューチャー」という映画ではないですが、タイムマシンで未来に行って、株の結果を持ち帰れれば、億万長者になれますね。そんなことはできないので、私たちは、未来の株価を予測することになります。株価を予測できれば、安定した株取引ができるようになりますが、どの程度の確率で予測できるのでしょうか？　一般に必勝法とされている方法を検証してみましょう。

人間の一切の感情を除外して、機械的に売買をしてみたら、どうなるのでしょう？いわゆる株ロボットです。これも過去のデータを用いて実験してみることができます。ある時点で、株を買います。2％（利益率）上昇したら売り、もしくは3％（損切り率）低下したら売りとして、自動売買させます。

ある時点とは、たとえば株価が、3％（変動率）程度、大きく低下したときです（3％〜2％ルール）。株価が3％程度上昇したときは、空売りをします。株を空売りした後2％下がったら買い戻し、3％上がったら損切りで買い戻すことになります。

この条件で、1ヶ月程度、シミュレーションすると勝率は70％でした。変動率、利益率、損切り率を、変えてみましたが、概ね同じ結果が出ました。このルールによる逆張り方法（リトレースメント）に関しては、従来から用いられているフィボナッチ数によるテクニカル分析と非常に類似していることがわかります。

フィボナッチ比率からいえば、最初の変化に対するリターンの割合は、レンジ相場（ボックス相場）の場合は、0・382、0・5、0・618、0・786であり、トレンド相場（ボラタイルブレイクアウト）のときは、1・272、1・618というフィボナッチ数になるといわれています。

これは、大きく変動した後の、1／3、1／2、2／3、4／5戻しに相当します。2／3と4／5が多いといわれていますが、たとえば、2／3であれば、「変動率—利益率」の割合、5％～3％や3％～2％ルールに相当します。

ただし、この方法は、全く違う年の1ヶ月で試してみると、損失となりました。このときには、株価が大きく下降トレンドに変わっていたときでした。逆張りしてもどんどん一方向に、下降するというわけです。このときは順張りをしていれば、利益が出たということになります。ここで重要なのは、相場のトレンドによって売り買いを変えなければならず、その判断が必要になることです。

自動売買を行うとしても、順張りにするか、逆張りにするかの判断が、最も重要なポイントになるわけです。つまり、株取引の本質は、株価が上昇するか、下降するかを予測すること、次に、どのくらい上昇するか、下降するかの予測をすることに他ならないのです。もし、数学的に株価をある程度予想できれば、心理的な呪縛（恐怖感）から解放されるのです。

▼人工知能は、利用できるか？

人工知能（ＡＩ）が判断したら、どうなるかを試しました。２０１９年6月に、ソニーグループから無料でＡＩ（Prediction One）が提供されたので試してみました（２０２０年10月29日より有料になっています）。

機械学習が可能で、前３日間の株価の動きから、翌日の株価の動きを推測するようにしてみました。推測に用いる項目は、前３日間の始値、高値、安値、終値、出来高、20日・5日移動平均値、ボリンジャーバンド値、短期・長期トレンド傾向、センチネル指標（％II）など全51項目です。過去3年間のデータを学習し、直近1ヶ月の株価の動きを実際の値と比較した結果を示します。

実際の株価変動（過去１ヶ月間）

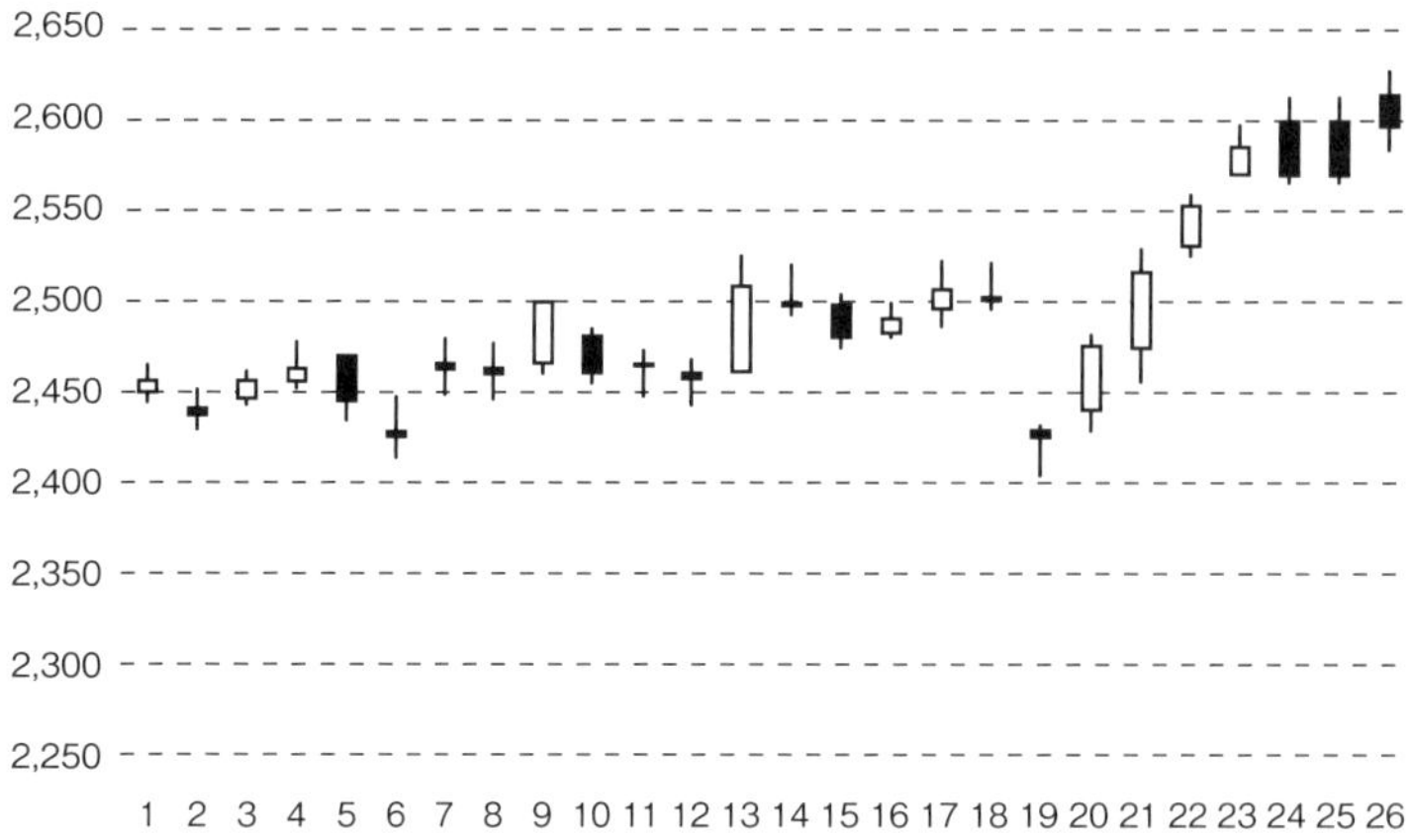

AI予想の株価変動（過去１ヶ月間）

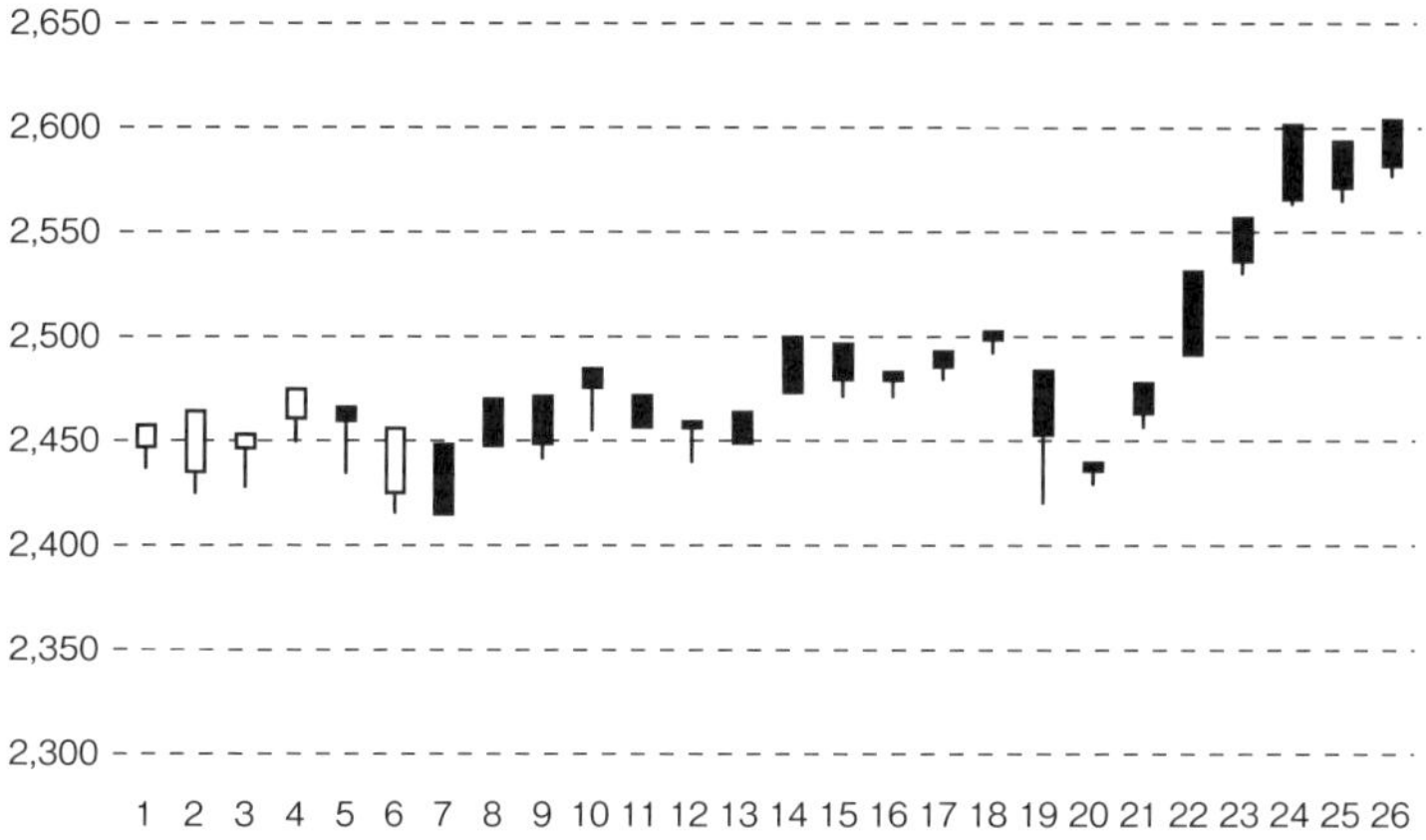

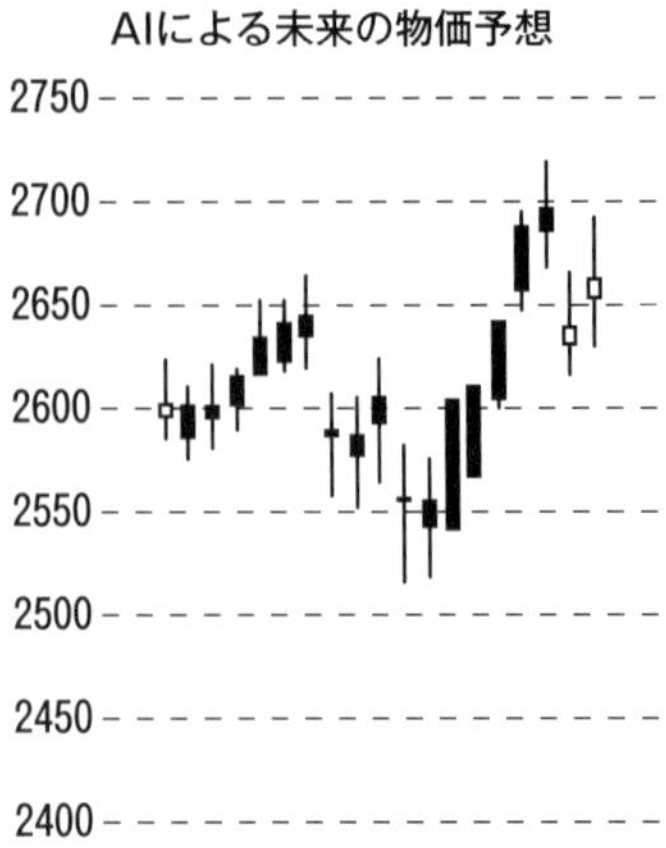

実際に、このニューラルネットワークを使用しての、未来の1ヶ月間の株価予測の結果をお示しします。ちょうど、新型肺炎による影響で、株価が乱高下している時期でしたが、ある程度の傾向はつかめそうです。ベテランのトレーダーの思考過程を、まねしているかもしれません。ただし、陽線と陰線が逆転していたり、予測とかけ離れているときもあります。いくら人工知能でも、市場の攪乱因子は予想できないので、こちらも参考程度にした方が良さそうです。

part 4

試してみませんか！
「株取引シミュレーションゲーム」

▼無料で提供している著者作成の株ゲームでチャレンジ！

株の売買で、安定的に利益を上げたいと思っても、容易にはいかないかもしれません。株式市場は、世界の政治経済情勢によって乱高下します。企業業績がアップすれば株価も上昇するといったように、単純なものではありません。機関投資家や大手証券会社の影響力も無視できません。株式市場ほど不確実性のものはない、といっていいでしょう。

だからこそ、興味がそそられるのも事実。自分なりの株式売買マニュアルを確立することで、複雑そうに見える株式市場に一人で立ち向かうことは可能です。

本書を手に取っていただいたということは、多かれ少なかれ株式投資に興味があるということでしょう。

株取引を始めるのもいいですが、その前段階として、株ゲームを試してみるのはどうでしょうか。いろいろな検討課題が、出てくるはずです。

筆者が作成した「株取引シミュレーションゲーム」は、Kプロジェクトのホームページ（１７５ページ参照）から、無料でダウンロードできます。実際のゲームの楽しみ方は、YouTubeで動画配信もしています。

内容は、エクセルファイルで、バージョン２００７以降なら、問題なく動作します。試供版ですので、株価は、２０１８年4月27日から２０２２年3月31日までの４年分を、取り込んでいます。銘柄は、任天堂（７９７４）、トヨタ自動車（７２０３）、ファナック（６９５４）の3つとしました。トヨタ自動車は、２０２１年10月１日、「1対5」の株式分割を行いました。この時点から、株価は5分の１になっていますので、注意してください。任天堂も22年10月1日に1株につき10株に分割しています。

移動平均線は、20日と5日にしました。チャートは、ローソク足、20日・5日移動平均線、出来高、高値、安値、ボリンジャーバンド（20日移動平均線の㊉2σ）、長期トレンド（20日移動平均線の傾き）、5-20日移動平均線の差の6つを表示していますので、取引の参考材料としてください。

著者は日々のデイトレードで、リアルタイムで確認できるように、各種データをグラフや数値でパソコン画面に表示しています。それらのベースになっている本格的な株取引ゲームを楽しんでみてください。

▼ゲーム開始

適当な日から売買を始めます。開始日までの株価チャートを表示して、買うか売るかを決めます。たとえば、2017年8月21日から、売買開始とします。149ページの図にあるように、それまでの株価のチャートが示されます。

株価はかなり低下していますが、買いましょうか？　売りましょうか？　参考資料が必要ですね。出来高の推移も同時に表示します。

高値、安値、20日移動平均線、ボリンジャーバンド（±2σ）も表示します。

投資家の感情を表す、センチネル指標も、参考材料として表示しましょう。

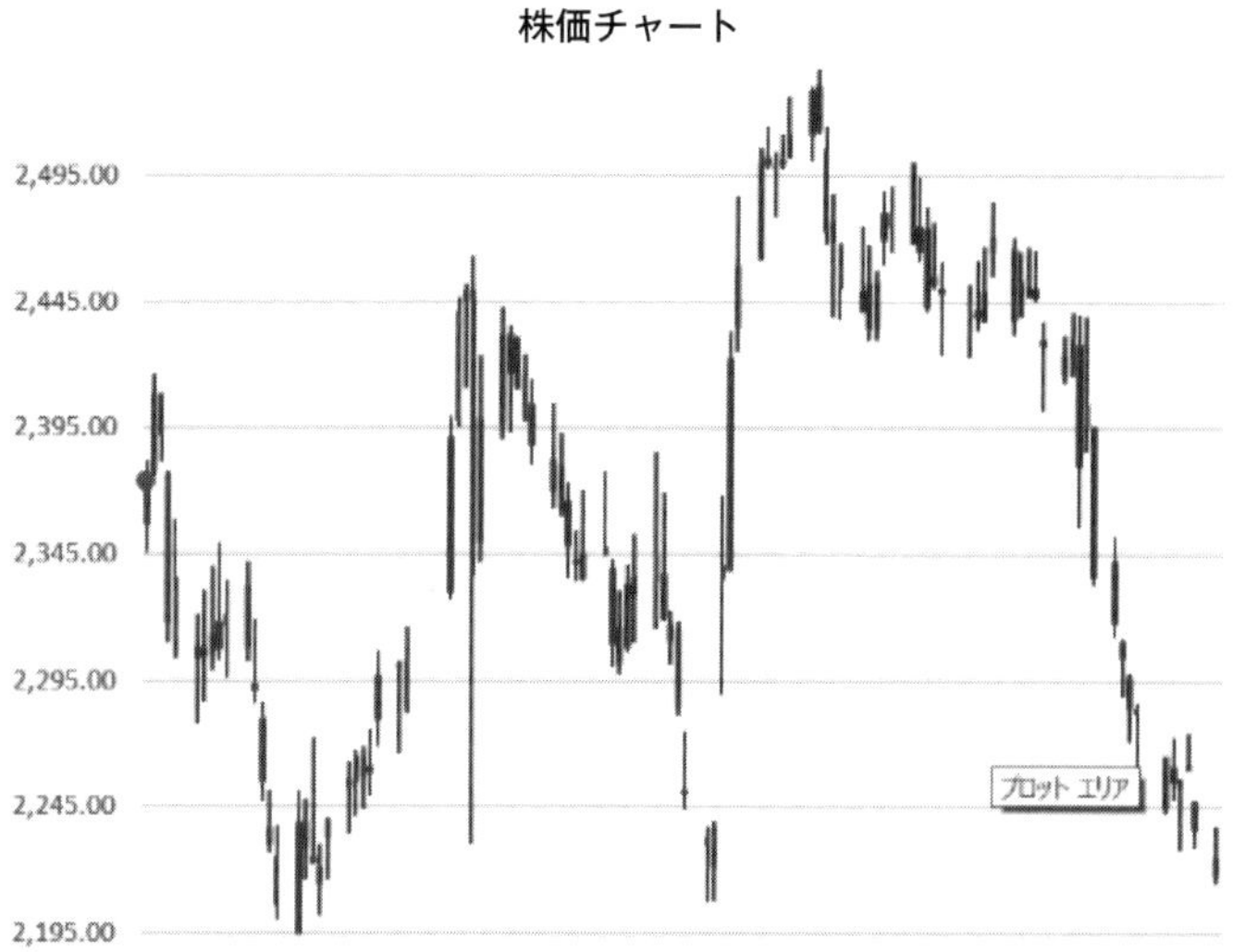
株価チャート
2,495.00
2,445.00
2,395.00
2,345.00
2,295.00
2,245.00
2,195.00
プロット エリア

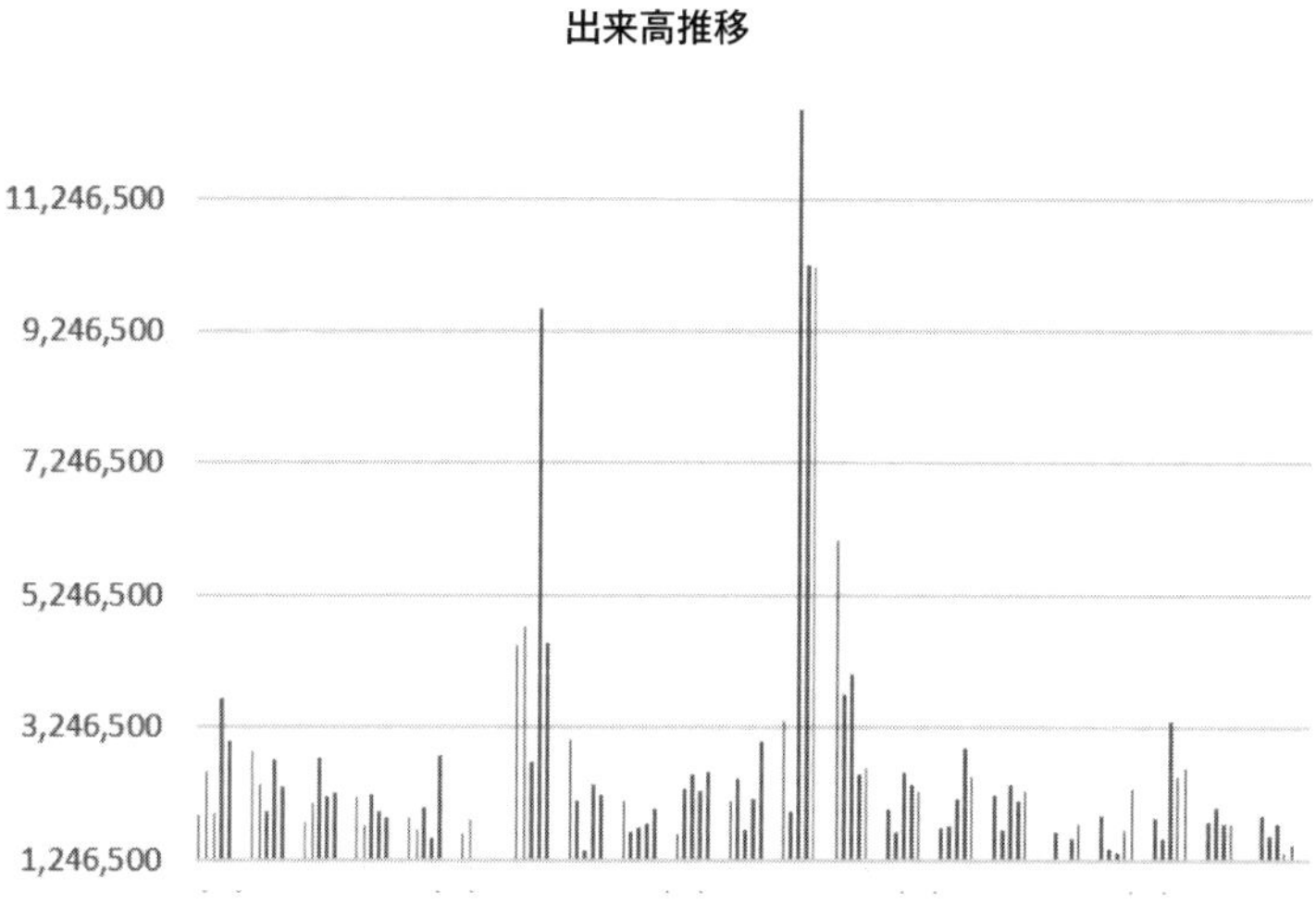
出来高推移
11,246,500
9,246,500
7,246,500
5,246,500
3,246,500
1,246,500

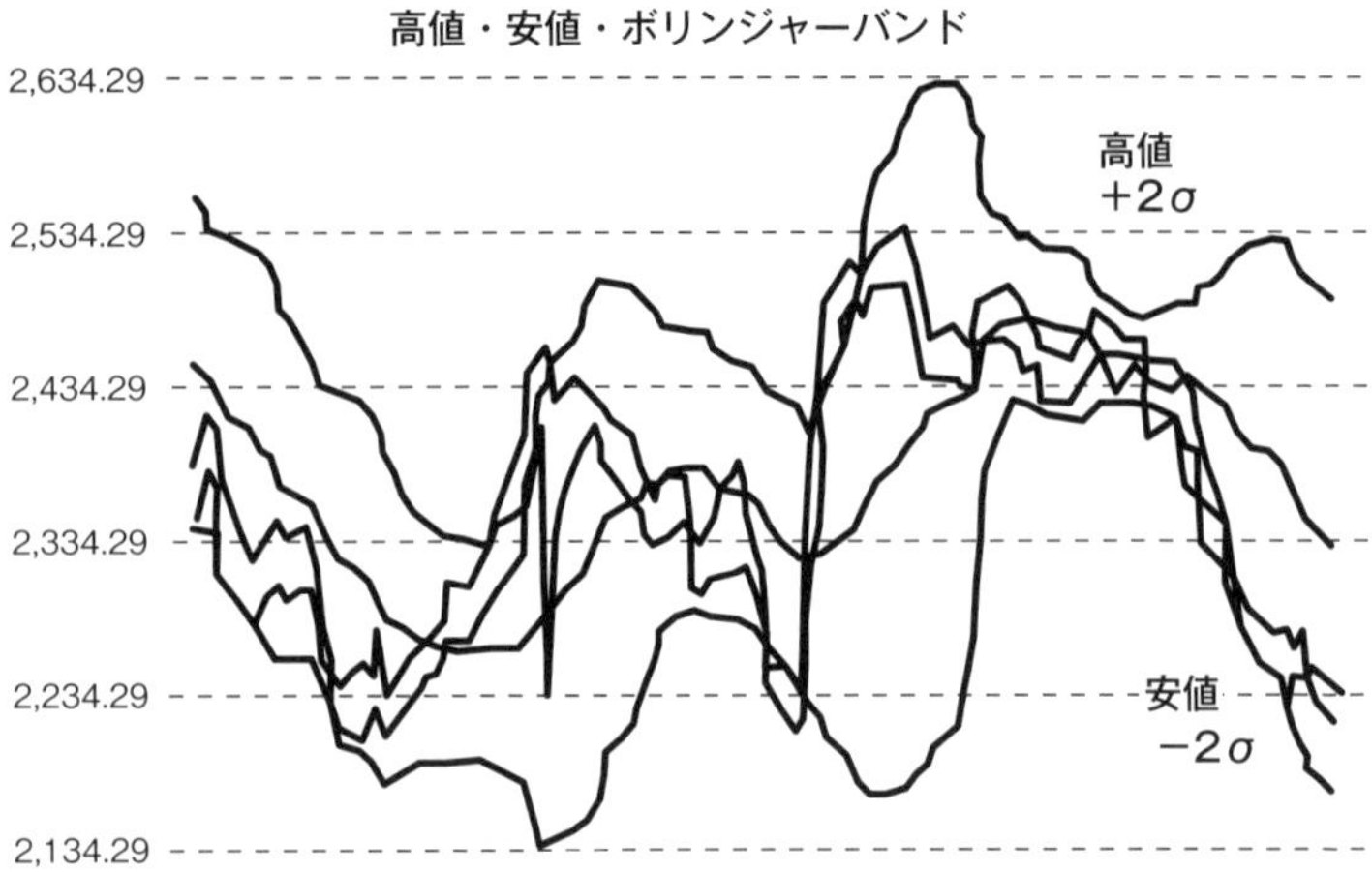
高値・安値・ボリンジャーバンド
2,634.29
2,534.29
2,434.29
2,334.29
2,234.29
2,134.29
高値
+2σ
安値
−2σ

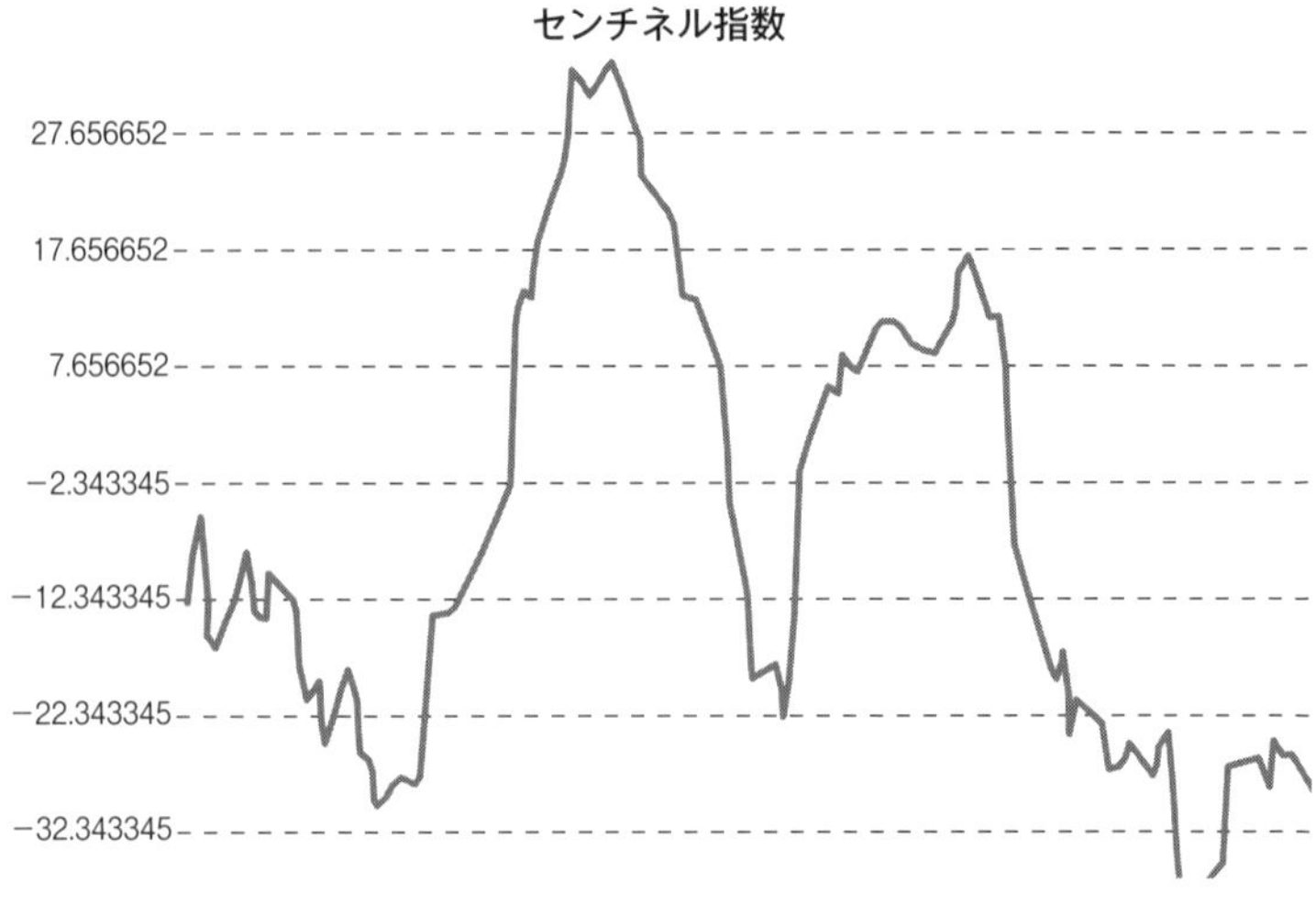
センチネル指数
27.656652
17.656652
7.656652
−2.343345
−12.343345
−22.343345
−32.343345

これらのテクニカル指標も参考にして、売買を開始します。取引せずに、翌日に進むこともできます。売買は、指し値でも、翌日の寄りや引けでもできます。注文の日にちや、日数も指示できます。約定できたら、返済注文を行います。返済売買は、指し値でも、翌日の寄りや引けでもできます。損切りの値段も、設定できます。約定の場合、損益が計算されます。

私自身、このような仮想の売買を1年間分やってみました。銘柄も取り替えましたが、私の場合、勝率は良くて70％程度でした。損益は、プラスにはなったものの、良くて年率最大数％程度でした。株取引の不確実性を、あらためて実感しました。

〈使用方法〉

エクセルファイルをダウンロードしたら、すぐに使用できます。

シートのChartを開いて開始します。まず、銘柄と株価の表示期間を入力して、6つのチャートを確認してから、売買を考えます。

開始・終了日は、番号で入力します。

銘柄とグラフの開始・終了日を入力した後、〈グラフ作成〉ボタンをクリックします。
６つのチャート（１５３～１５５ページ）が表示されます。

①ローソク足

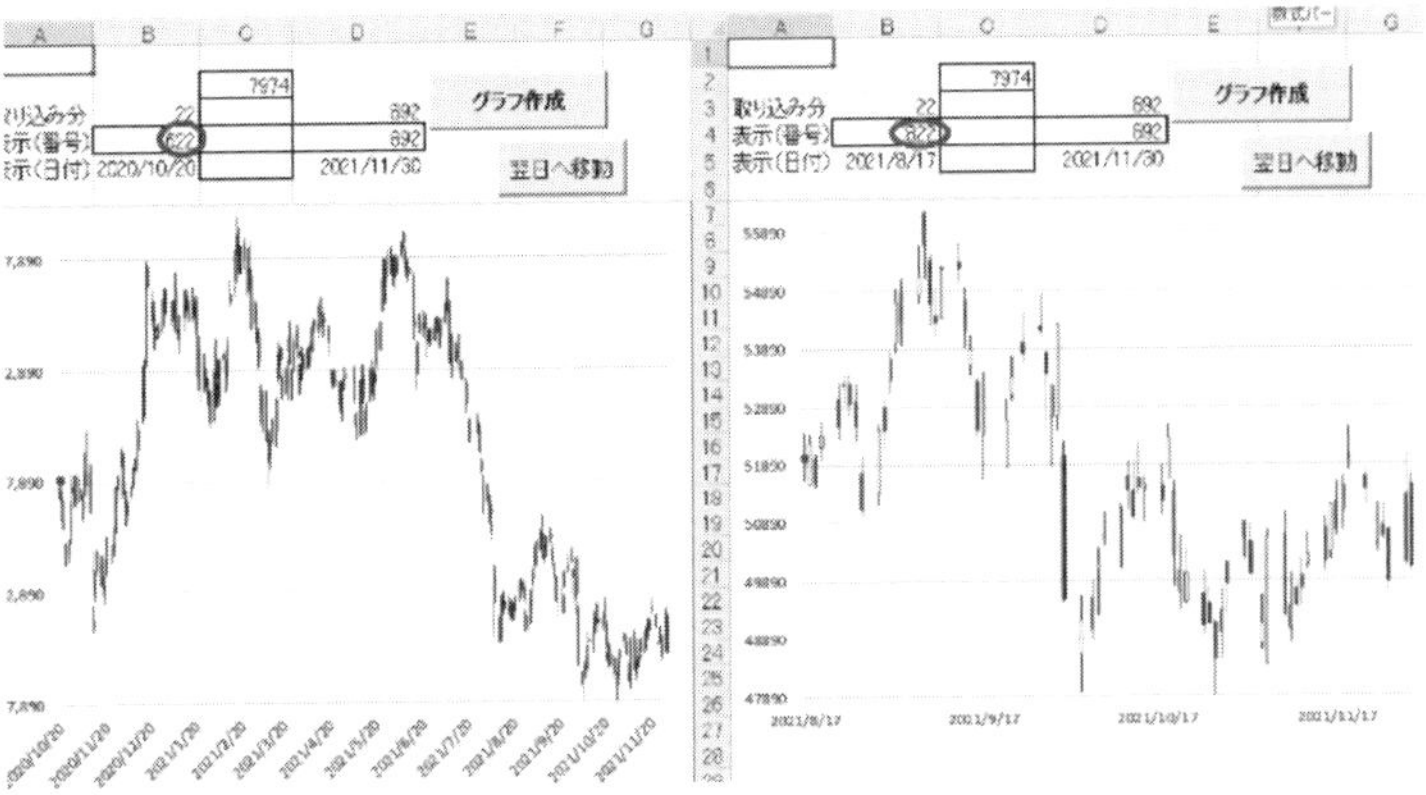

②5-20日移動平均線

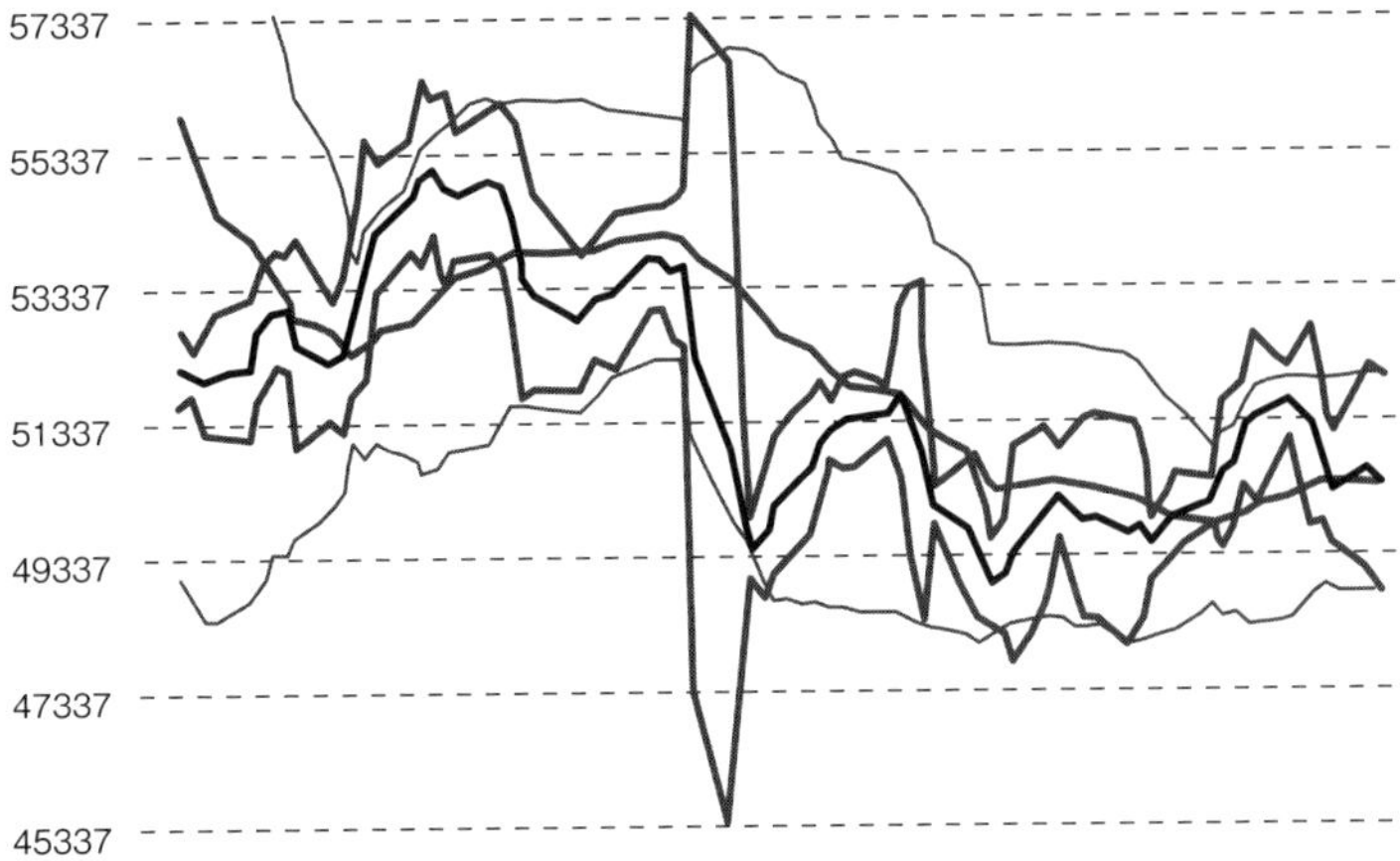

③出来高

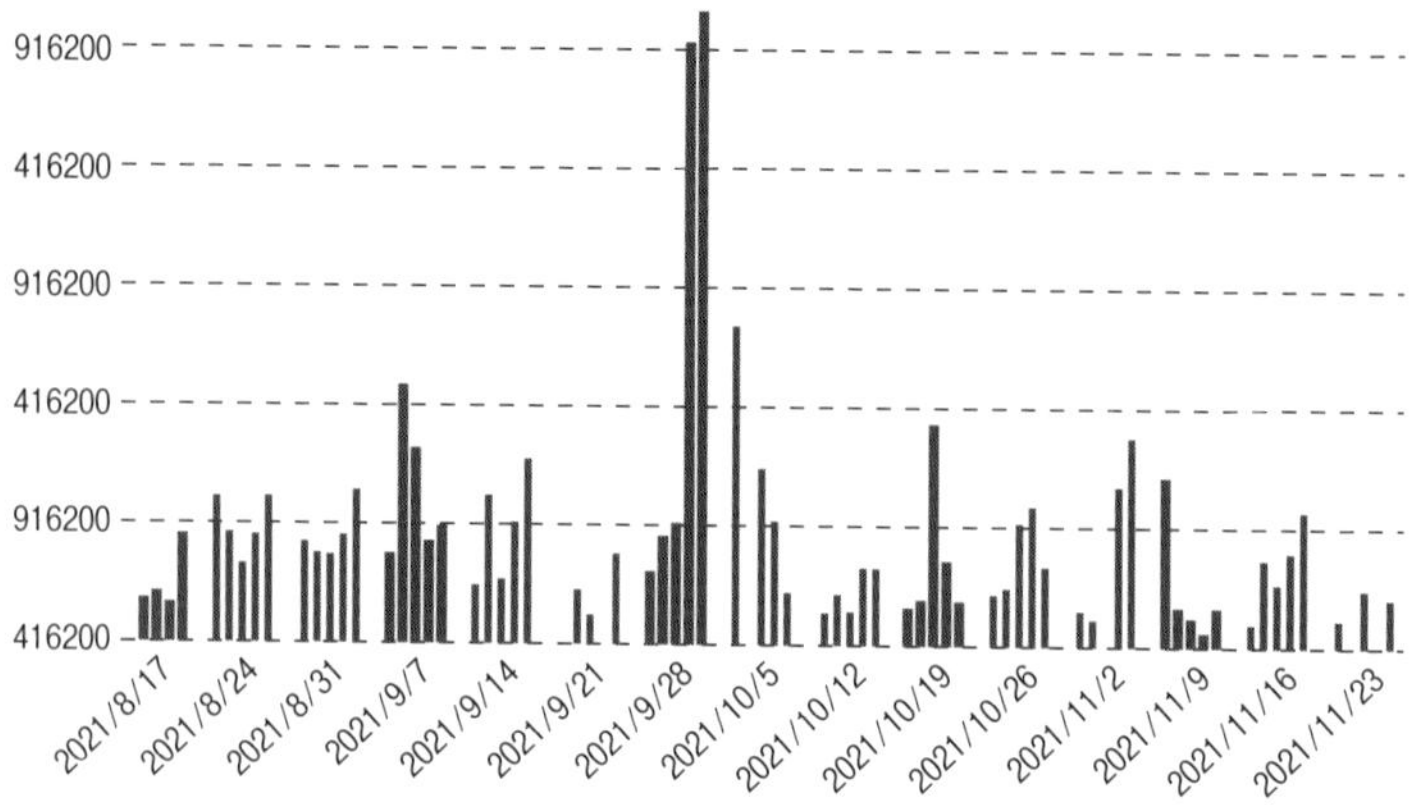

④高値・安値・ボリンジャーバンド

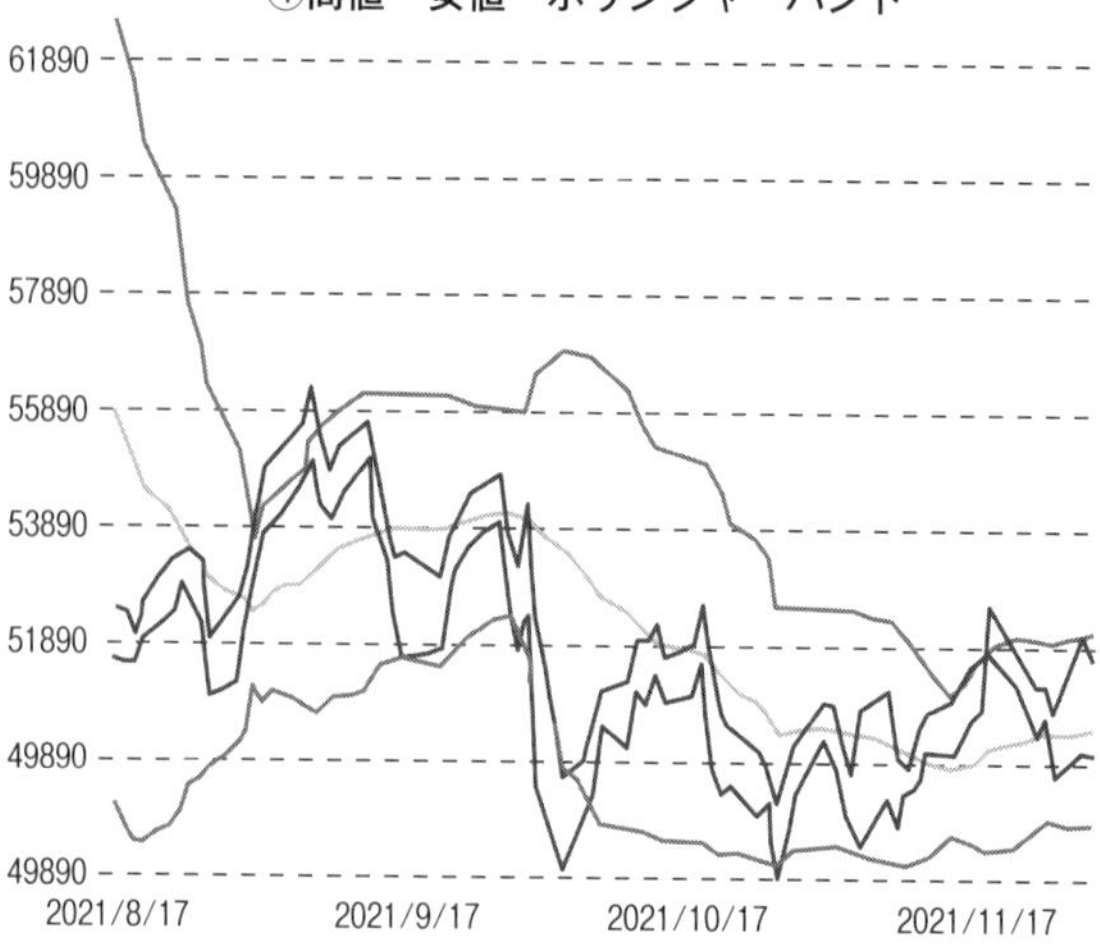

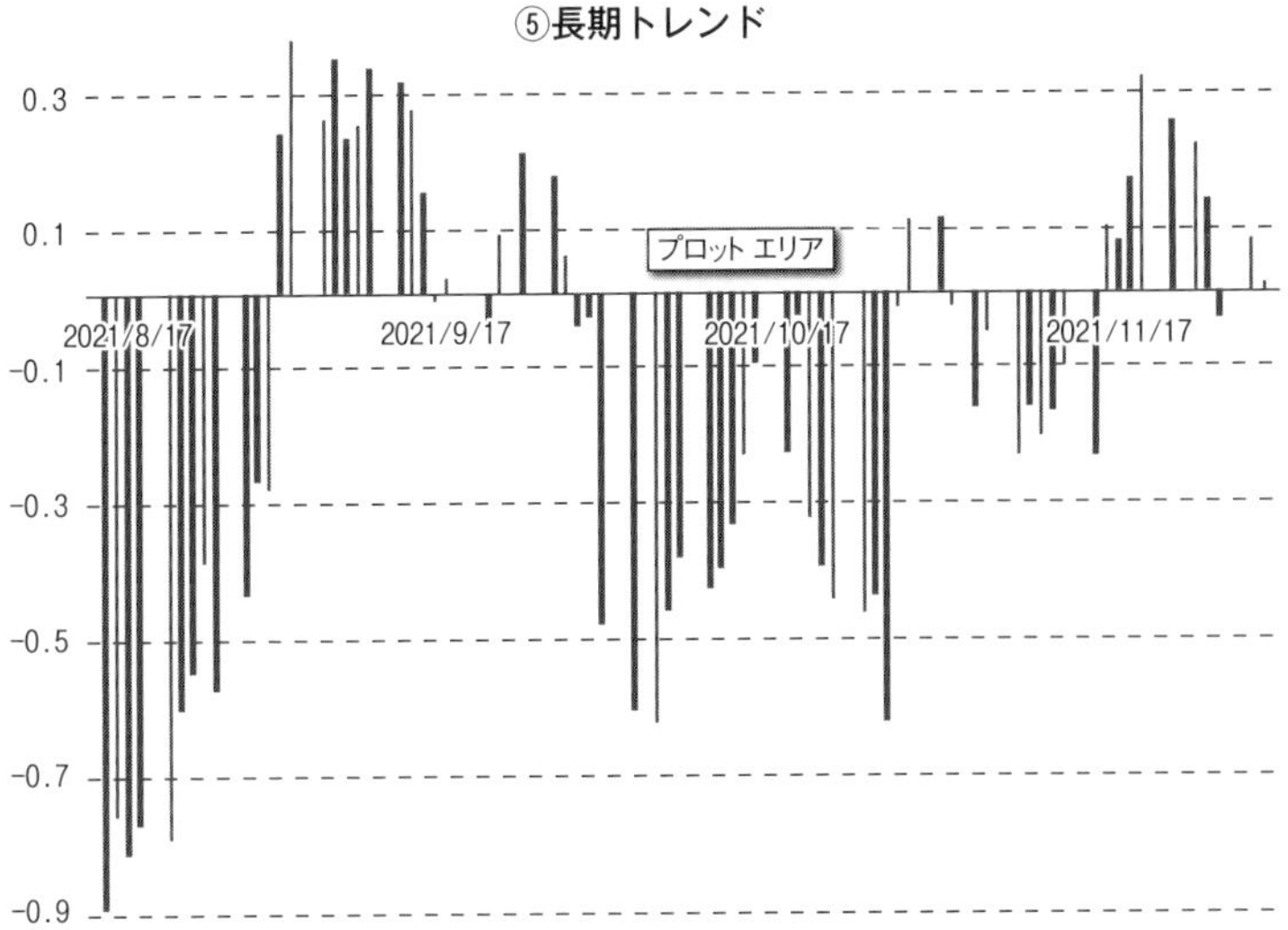
⑤長期トレンド
0.3
0.1
-0.1
-0.3
-0.5
-0.7
-0.9
2021/8/17
2021/9/17
2021/10/17
2021/11/17
プロット エリア

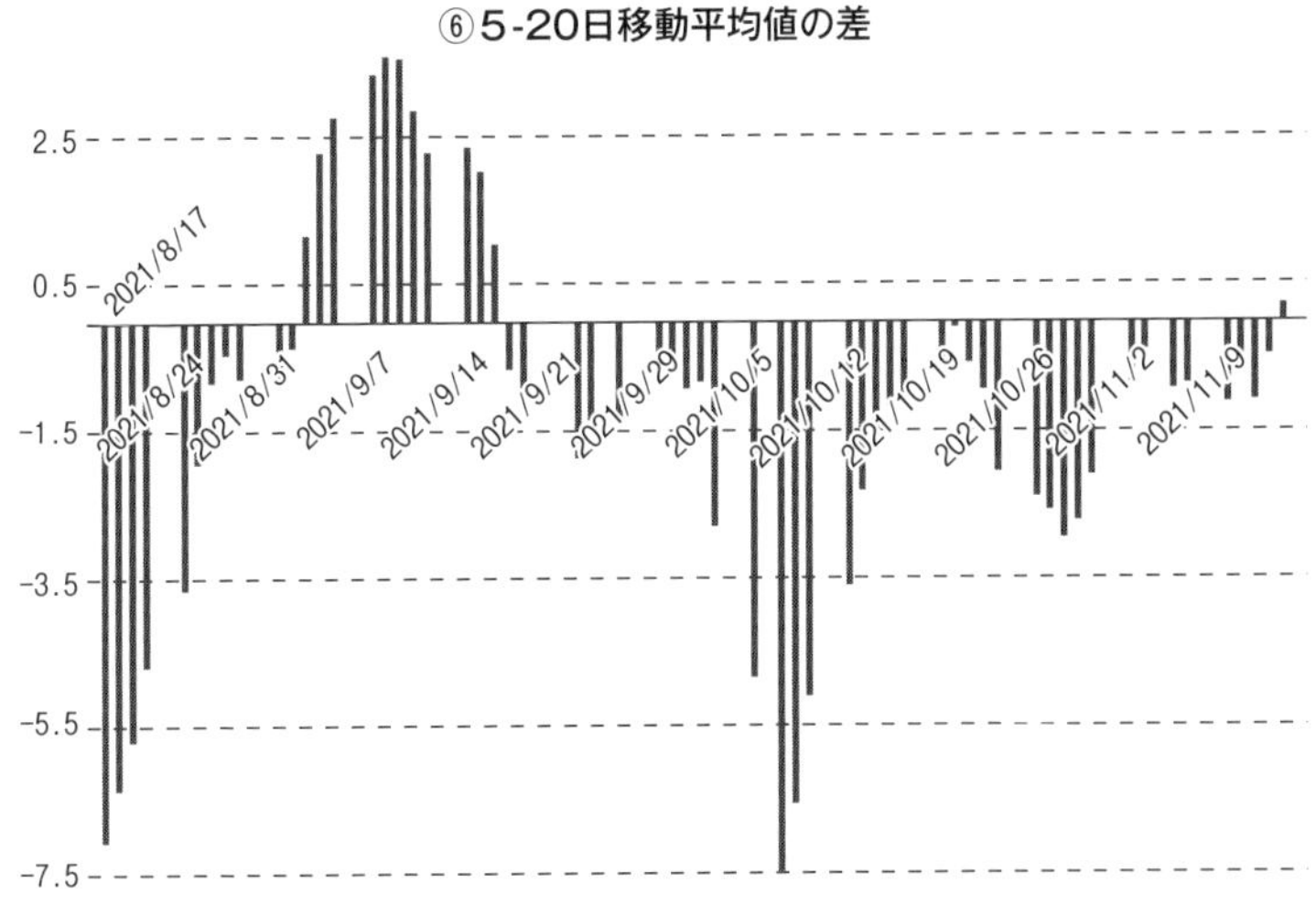
⑥5-20日移動平均値の差
2.5
0.5
-1.5
-3.5
-5.5
-7.5
2021/8/17
2021/8/24
2021/8/31
2021/9/7
2021/9/14
2021/9/21
2021/9/29
2021/10/5
2021/10/12
2021/10/19
2021/10/26
2021/11/2
2021/11/9

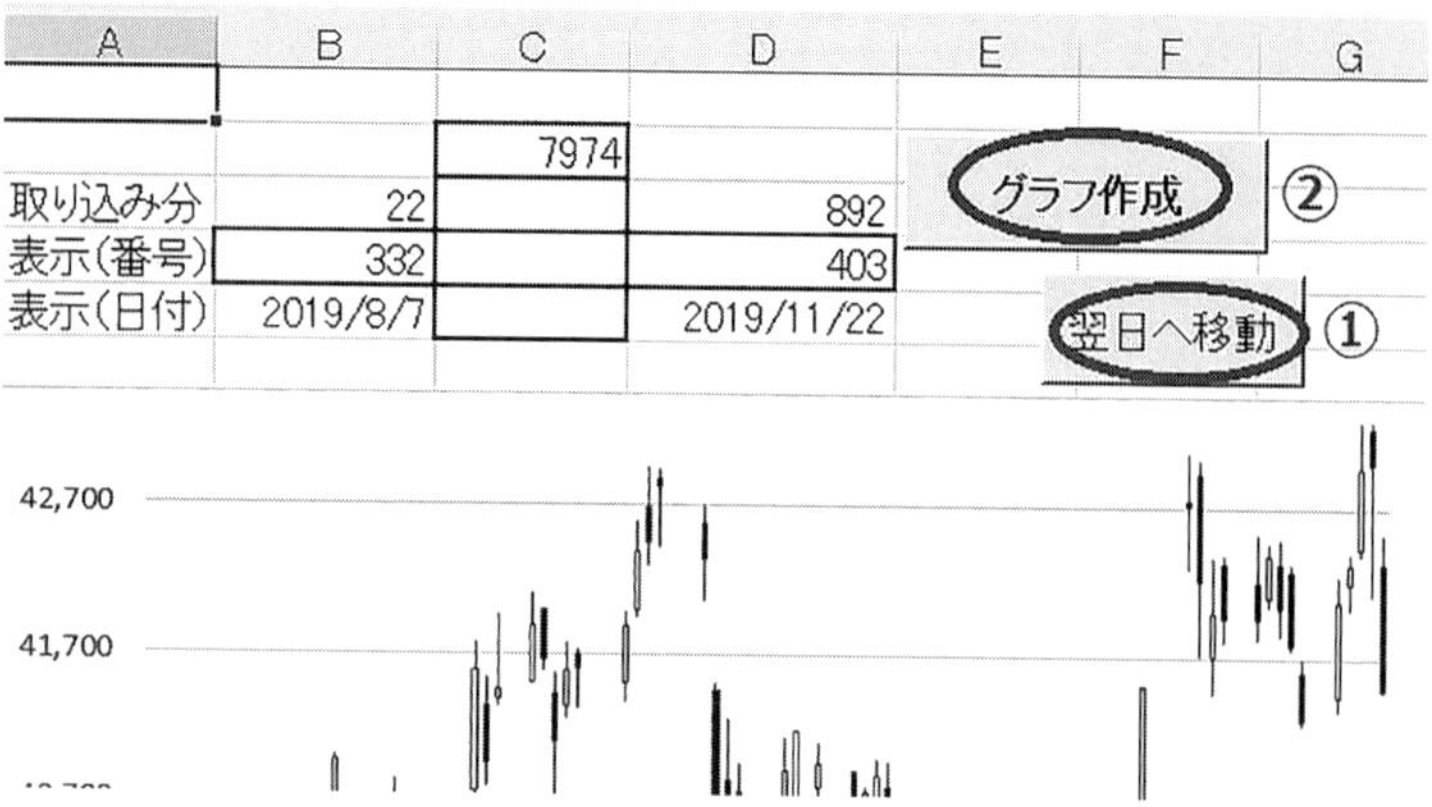

翌日のチャートを表示するには、〈翌日に移動〉ボタンを押します。表示終了番号が1増えます。その後〈グラフ作成〉ボタンを押すと、グラフが1日進んで表示されます。

これらのグラフを参照して、売買を開始します。

シートの売買ゲームをクリックしてください。

注文日を番号で入力します。その後〈注文日〉ボタンをクリックすると、注文日の日付と、前日の、始値・高値・安値・終値が表示されます。

注文日									
	番号	392	日付	2019/11/7					
	前日始値	42.930	前日高値	43.030	前日安値	4.710	前日終値	42.210	
注文内容								注文日	
	買い	買い							
		指し値		注文日数		E		指し値	
		翌日始値						始値	
		翌日終値						終値	
	売り								
		指し値	42000	注文日数	5	F		指し値	
		翌日始値						始値	
		翌日終値						終値	
約定									
	番号	392	日付	2019/11/7					
	買い								
	売り	42000							

返済注文日						
	番号	393	日付	2019/11/8		返済注文日
注文内容						
	返済買い					
指し値		指し値	41500	注文日数	10	日
始値		翌日始値				
		翌日終値				
終値						
	返済売り					
指し値		指し値		注文日数		日
始値		翌日始値				
		翌日終値				
終値						
		損売り値	37800.5			
		損買い値	44100			
約定						
	番号	398	日付	2019/11/15		
	返済売り					
	返済買い	41500				
	損売り					
	損買い					
結果損益		500				

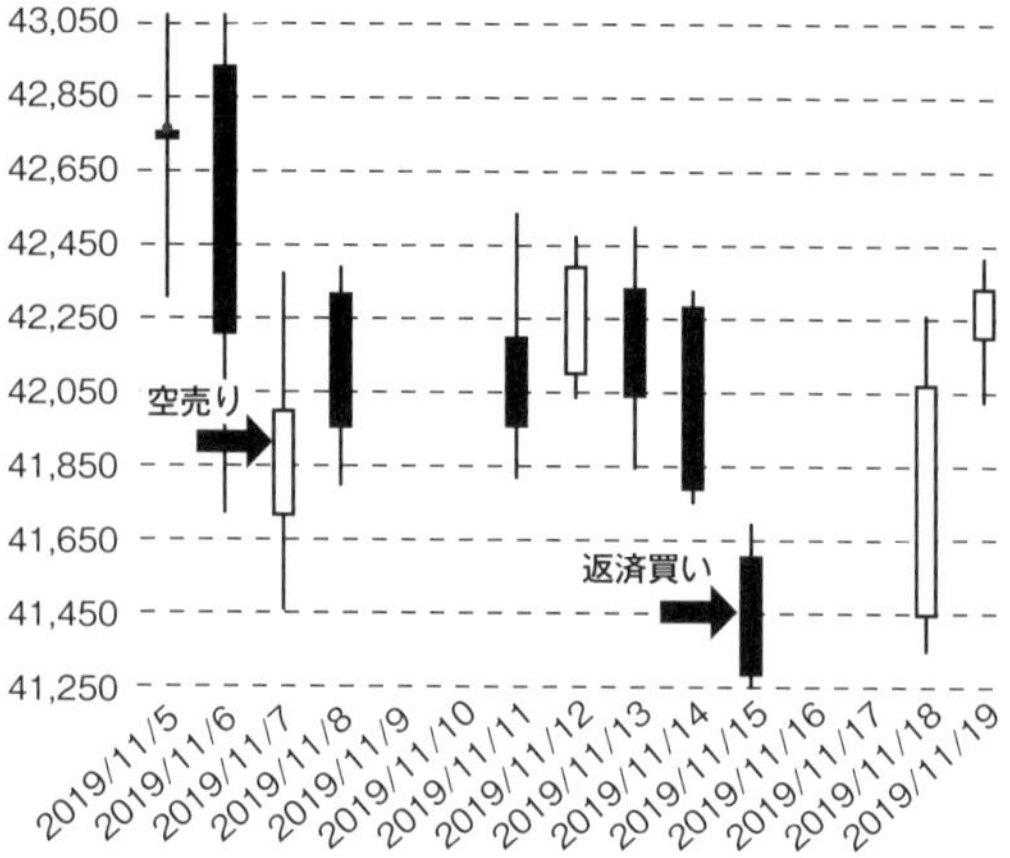

指し値の場合は、指し値を入力して、注文の継続日数を入力した後に、〈指し値〉ボタンをクリックします。翌日の始値、終値で注文を出す場合は、〈始値〉〈終値〉ボタンを、クリックしてください。

約定できれば、約定日と、約定金額が、表示されます。

約定したら、返済売買をします。

返済日を番号で入力します。その後〈返済注文日〉ボタンをクリックすると、返済注文日の日付が表示されます。

損益が計算表示されます。実際の金額は、この値に株数をかけてください。損切りは、

返済注文日						
	番号	393	日付	2019/11/8		返済注文日
注文内容						
	返済買い					
指し値		指し値	41000	注文日数	30	日
始値		翌日始値				
		翌日終値				
終値						
	返済売り					
指し値		指し値		注文日数		日
始値		翌日始値				
		翌日終値				
終値						
		損売り値	37800.5			
		損買い値	44100			
約定						
	番号	410	日付	2019/12/3		
	返済売り					
	返済買い					
	損売り					
	損買い	44100				
結果損益		-2100				

注文価格から５％以上変動した値としました。

２０１９／11／7に任天堂を、４万２０００円で空売りしました。２０１９／11／8に、反対売買で、４万１５００円買い戻しの注文（10日間継続注文）を行い、２０１９／11／15に、４万１５００円で約定されました。損益は、⊕５０００なので、１００株として、５万円の利益です。この間のグラフを確認してみます。

一方、２０１９／11／7に４万２０００円で空売りをして、２０１９／11／8に４万１０００円で買い戻しの注文（30日間継続注文）を出した場合は、約定されず、２

０１９／12／３に４万４１００円で、損切りでの買い戻しとなり、損益は㊀２１００なので、１００株として、21万円の損失です。

この間のグラフを確認してみます。

これは、１例ですが、注文をした後は、グラフを１日ずつ翌日に進んで、チャートを確認しながら、売買を変更して注文すると、実際の取引と同じ感覚で株取引ができます。

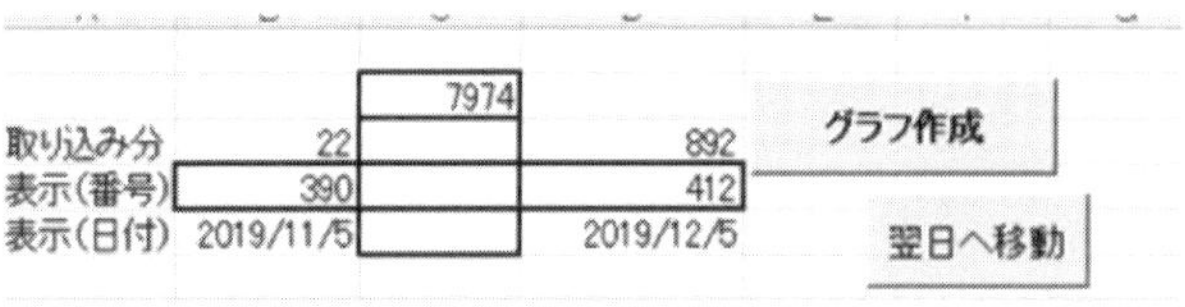
7974
取り込み分
22
892
表示(番号)
390
412
表示(日付)
2019/11/5
2019/12/5
グラフ作成
翌日へ移動

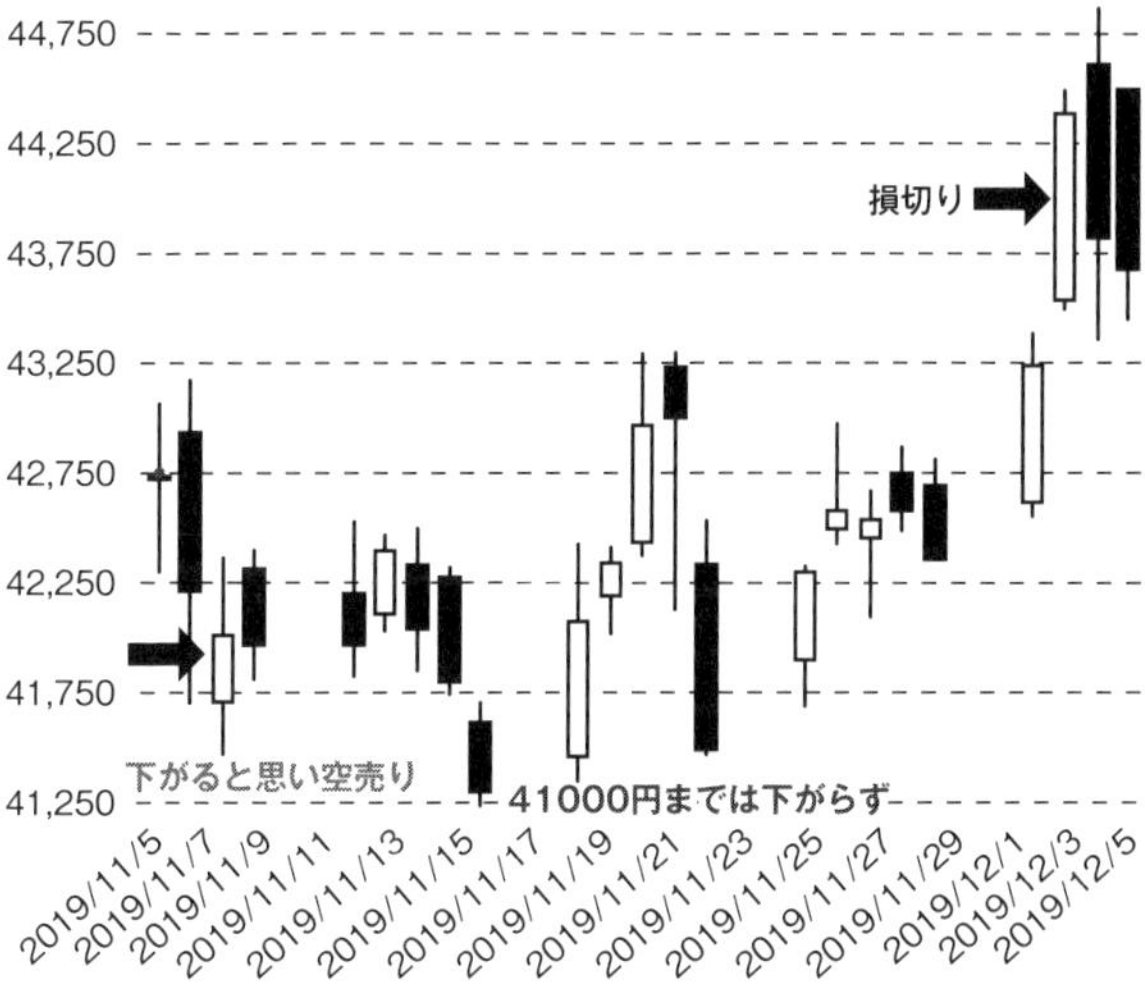
44,750
44,250
43,750
43,250
42,750
42,250
41,750
41,250
損切り
下がると思い空売り
41000円までは下がらず
2019/11/5
2019/11/7
2019/11/9
2019/11/11
2019/11/13
2019/11/15
2019/11/17
2019/11/19
2019/11/21
2019/11/23
2019/11/25
2019/11/27
2019/11/29
2019/12/1
2019/12/3
2019/12/5

▼65歳からデイトレードに挑戦！

私は株式のデイトレードに挑戦し、年換算リターン54％を実現しています（20年4月～22年3月）。株式譲渡にともなう税率約20％を除いた実質利益率は43％でした。全取引回数は350回で304勝46敗。勝率でいうと87％です。

株式投資とは無縁に近かった私がなぜ、株の世界に足を踏み入れたのか。私は民間病院の院長を長くやっていて、65歳をもって名誉院長に退くことになりました。時間的に少し余裕ができたので、退職金の一部で株取引をしてみることにしたのです。

株取引は、妻が三洋証券（バブル崩壊でなくなりました）に勤めていたこともあって、若いころに一度行ったことがあります。しかし、取引に集中する時間は全くなく、株価の上がり下がりに気をとられ、仕事に影響するので、すぐにやめてしまいました。

一所懸命に本業に精を出している現役世代にとっては、日常生活において株取引どころではないでしょう。子どもも小さく、住宅ローンもあるようであれば、安全性が最優先です。元金が保証されるような資金運用が好ましいと思われます。株取引を行うにしても、現物株を長期保有して、インカムゲイン（株の配当）を期待するやり方が良いかもしれません。

私も、20〜40代は、医師としての専門知識を習得するのに、集中していました。50代になり、病院の院長になってから、病院経営について学びました。財務諸表を理解できるようになり、事業計画を立てて、予算や決算をするうちに、少しずつ、経営者としての知識が増えていきました。65歳になって、ようやく、そうした経営の業務から離れて、次のステップの投資に入ることができました。時間的に余裕がある世代にとっては、株取引は、資産運用としては、適したものかもしれません。

株は不確実なものです。外部因子にすぐ影響されるので、予想することは不可能です。しかし、株価を完全に予測できなくても、数学を用いて、勝つことはできるのではないか……。ものは試し、実際に作業仮説を立てて実験してみたい……。そんな好奇心がムクムクと湧き上がりました。それが株取引を始めた一番の要因です。

株で利益を上げたいと思っている人は多くいると思います。しかし、株は不確実なもので、思うようにはいかないのが現実です。その不確実性に、科学的な方法で挑戦して、結果を出すことができるのではないか？ と考えたのです。

私の株式投資は、**〈短期保有（デイトレード）の集中投資（1銘柄投資）〉**が、基本戦略となります。

デイトレードは、初心者は、行わない方が良いとされていました。投資信託のような長期保有の分散投資が、勧められています。しかし、デイトレードが、最も有効なリスクヘッジであることを、本文で示しました。

▼「不確実性との闘い」――数学と医学、そして株式投資

株のデイトレードに挑戦するにあたって、私は、今までにいわれている分析方法や、自分の感性を動員して、まずは仮想の株取引を行ってみることにしました。「敵を知り、己を知れば、百戦して危うからず」ということです。

仮想の売買を1年間分やってみました。銘柄も取り替えましたが、勝率は良くて70％程度でした。損益ではプラスにはなったものの、良くて年率最大数％程度、つまり１００万円投資して、1年間に数万円の利益が出れば良い程度の結果でした。特に外部要因の影響が大きくて、予想と大きく違う動きをすることがたまにあり、このまま実際に株取引をしても、思ったリターンは得られないことがわかりました。

仮想取引を行うなかで、株取引の根本的な課題が明らかになりました。

意外に思われるかもしれませんが、勝率を上げるためには、利益率を小さくして、投資回数を増やすことが良いように思えたのです。反対に、損切りの額を大きく見積もれば勝率は上がります。しかし、この勝率を上げる方法には大きな問題がありま

す。大きく株価が低下したときなどには、大きな含み損となり、投資回数は止まり、株は塩漬けになります。つまり勝率90％でも、１回の負けで、大きな損失を被り、利益がなくなってしまうのです。では、勝率を上げつつ、損失を最小にする方法はないものでしょうか？　そのためには株価の不確実性に対抗する新たなストラテジー（戦略）が必要になることがわかってきました。

役立ったのが数学的な知識です。

医学と株式投資は、全く関係のない世界だと思われるかもしれません。しかし、実際は、重要な共通点があるのです。それは、「不確実性との闘い」ということです。患者さんを治療するときに、診察して、検査を行い、病気を推測します。そして、最も適していると思われる治療を選択します。しかし、診断が正しい確率は、１００％ではありません。実際の治療では、特異体質で、副作用が出る可能性もあります。医学とは、１００％確実なものではないのです。しかし、より１００％に近づけるように、研鑽を積んでいきます。

医師の診断・治療で有効な武器となるのが、数学的アプローチ（医学統計学と確率論）なのです。たとえば、ある病気の人1万人に薬を投与したら、9000人は良くなったが、20人に副作用が出たというデータがあれば、自分の患者さんには、この薬で良くなる可能性は、90％ですが、0・2％の確率で副作用が出ますと、説明できます。

不確実性の塊である株式投資にも、基本的に、この数学的アプローチを応用できるのではないかと思いました。

上昇する可能性は90％と判断できますが、外部要因の影響で、5％の確率で暴落することもあると予測するのです。このためには、過去のデータを分析し直す必要があります。このトレード方法を実践した結果を報告したのが、本書です。

数学的な視点で株式市場や株式投資を見てみると、これまで株で勝つための常識とされてきた、いや、今でも常識とされている〝必勝法〟がいかに脆いものであるかがわかってきたのです。たとえば、テクニカル分析です。

テクニカル分析とは、「過去の値動きをチャートで表して、そこからトレンドやパターンなどを把握し、今後の株価、為替動向を予想するものです。チャートは取引（投資行動）の結果としてできたものであり、過去にも似たようなパターンがあれば、将来も同じようなパターンになる可能性が高いと予測します」（マネックス証券のHPより引用）というもので、株式投資のプロの中にも、このテクニカル分析に重きを置いてトレードをする人がいます。

ごく簡単にいうと、過去と似たようなパターンが出現したときに買ったり売ったりする株取引の〝必勝法〟の一つなのです。ところが、私がテクニカル分析を元に仮想売買をしてみたところ、そうはうまくいきませんでした。細かいことは本文に譲りますが、要するに必勝法といえるまでのレベルではなかったのです。そこで私は数学的手法を使って必勝法のいくつかを洗い直してみました。その結果、それぞれの欠点やら欠陥が見えてきました。

この本では私が採った数学的手法が具体的にどのようなものかを明かすとともに、実際の例を元に、デイトレードの新たな手法を公開できたのではないかと、自負しています。

小学校2年のときです。クラスで、九九を覚えていない子どもが二人いると、母親が父兄会で先生からいわれたのが発端でした。その日の夜、九九の表の前に正座させられて、泣きながら、一晩で九九を覚えたのを思い出します。

中学のときには、数学の試験の前だけ勉強して、因数分解など、試験では満点を取っていました。

本格的に数学に興味を持ったのは、高校に入ってからです。机から落ちた消しゴムが、どこの場所に、どのくらいの時間で、どのような軌跡を描いて落ちていくのか（ニュートンの法則ですね）を、予測計算できることに感動しました。この世の中のことは、すべて計算できるのではないかと、私は思ったものでした。

数学の醍醐味は、答えがあることです（英語は、答えがないので嫌いでした。なぜ、ここで「ｔｈｅ」を使わずに「ａ」を使うのかの明確な理由がないことが、興味を持てない理由でした）。答えにたどり着くには、いろいろな方法があります。高校のときには、先生とは違う方法で、答えを出すこと（別解）が得意でした。夜、寝るときに問題を考えて、朝起きたときに、解けたこともありました。床屋さんで、髪を切っているときに解けたこともありました。数学は好きだったので、全道模擬試験で一位をとったこともあるんです。

そんな私が、大学を卒業するころ、初めてパーソナルコンピューター（PC）が発売されました。CPUは8ビットで、記憶媒体もカセットテープでしたが、人間にはできない計算を瞬時に行うので、夢中になりました。特に、数学の統計計算を行うのに使用しました。PCは、反復計算が得意です。電源を入れておけば、何時間でも計算しています。

多変量解析という手法があります。行列式を展開して、多元連立方程式を解かないといけませんが、これが手計算ではできません。当時、PCを使うと容易に計算できました。第二次人工知能ブームも起こりました。私も、ニューラルネットワークを自分のPCに作成して、数字の0～9までを、学習させました。まさに子どもが数字を学習するのと同じ感覚で感動を覚えました。今回の株投資においても、数学の理論が出てきます。その都度、わかりやすく説明したつもりです。

医学を目指そうと思ったのは、中学2年生のときに、最愛の祖母が心筋梗塞で亡くなったことがきっかけです。ちょうどそのころ、札幌医科大学で、我が国初めての心臓移植がなされて、連日報道されておりました。

高校生のときに、医師になって、心臓病の治療をしたいと思うようになりました。進学するなら札幌医科大学。卒業後は、心臓血管外科か、循環器内科と決めていました。

札幌医科大学で心臓移植を行った心臓血管外科の和田教授は、カリスマ性のある立派な先生でしたが、自分はそんなに器用ではないし、手術後も長く患者さんと付き合いたいと思い、循環器内科に進むことにしました。

医師になると診察・治療・研究など、多くの業務を行います。そして、医学とは、完全なものではなく、不確実性との戦いであることが理解できました。診断・治療などは、多くの因子を分析して、最適な解を導き出す過程と同一です。これは研究のときには、特に重要です。たとえば、ある薬の効果があるかないかを判断するとき（治験）には、薬以外の条件はすべて同じにして、比較することが重要です。動物実験では、かなり条件を同じにできますが、臨床研究では、不可能です。そのために、多変量の因子を分析する統計手法が重要となります。私の学位論文も、この多変量解析を用いた分析です（参考論文１）。これらの統計手法は、各因子の関係が数式で表される形（線形）ですが、医療分野では、ほとんどが、非線形であることがわかっています。

イギリスに留学して、心筋梗塞の縮小実験をしていたころに、非線形の最小二乗法としてシンプレックス法があることを教えてもらいました。この方法は、非常に有用で、S字相関を求めたり、連立偏微分方程式の解法などが可能であることを報告しました（参考論文２）。人工知能の誤差逆伝播法で用いられる山くだり法も、この最小二乗法の一種です。

（参考論文１）Y Kudoh, O Iimura:Study on the atherosclerosis mechanism in chronic hemodialysis. Jap Circ J51:631-641, 1987

（参考論文２）工藤靖夫、飯村攻：シンプレックス法を用いたマイクロコンピュータによる非線形最小二乗法の解法.呼吸と循環34:1181-1186, 1986

医学という不確実なものに対して、数学を用いて確実性を追求する――。そんな科学者の目が養われたと思います。

実は、株も不確実性の塊です。科学者のアプローチが、どの程度、株取引に効果を発揮できるのかは、本文で報告したつもりです。

本書が、これまで株式投資で何度となく痛い目に遭ってきた方の、大いなるヒントの書になってくれることを確信しております。

この本を、私の人生に寄り添い、苦楽をともにして、39歳の若さで亡くなった最愛の妻久美子に、捧げます。

[著者略歴]

工藤靖夫

（くどうやすお）

1955年函館市生まれ。医学博士。中学のときに、最愛の祖母を心筋梗塞で失う。当時、日本最初の心臓移植が行われた札幌医科大学に進学。卒業後は、心筋梗塞の研究のためイギリス・アメリカに留学。当時、発売開始されたばかりのパーソナルコンピューターを使って、医学統計学や人工知能を研究。2004年から札幌南一条病院院長として、病院経営学を学ぶ。2020年に、名誉院長となったのを契機に、それまでの科学者としての知識が株取引にも応用できるのではないかと考え、株の不確実性に対して数学的アプローチで挑戦をはじめる。著書に『五感でおいしく味わえる 腎臓病改善レシピ』（主婦の友社）がある。

本文で紹介している「株取引シミュレーションゲーム」「株トレード補助システム」の問い合わせは、Kプロジェクト（http://www.project-k.co.jp）までお願いします。

医学博士が編み出した勝率 90％の株式投資の作法

2023 年　3 月　1 日　初版発行

著　　者　工藤靖夫
発 行 者　石野栄一
発　　行　まことといちオフィス
発　　売　明日香出版社
〒112-0005　東京都文京区水道 2-11-5
電話　03-5395-7650（代表）
https://www.aska-g.co.jp

プロデュース　中野健彦（ブックリンケージ）
編集協力　鎌田正文（ビジネスリサーチ・ジャパン）
ブックデザイン　村岡志津加（Studio Zucca）
校　　正　上野裕一（TSSC）
印刷・製本　シナノ印刷株式会社

ISBN 978-4-7569-2258-8